ちくま学芸文庫

アイヌ歳時記

二風谷のくらしと心

萱野 茂

筑摩書房

目次

第二章 神々とともに生きて 93

第三章 動物たちとアイヌ 125

第四章 生きることと死ぬこと 155

第五章 アイヌの心をつづる 195

写真提供　萱野志朗（萱野茂二風谷アイヌ資料館館長）。一三〇ページのみ生田目江里子提供
イラスト　萱野茂著『アイヌの民具』より。作製は武蔵野美術大学生活文化研究会（代表相沢韶男）
植物図版　『寺崎日本植物図譜』（平凡社刊）
地図作製　丸山図芸社

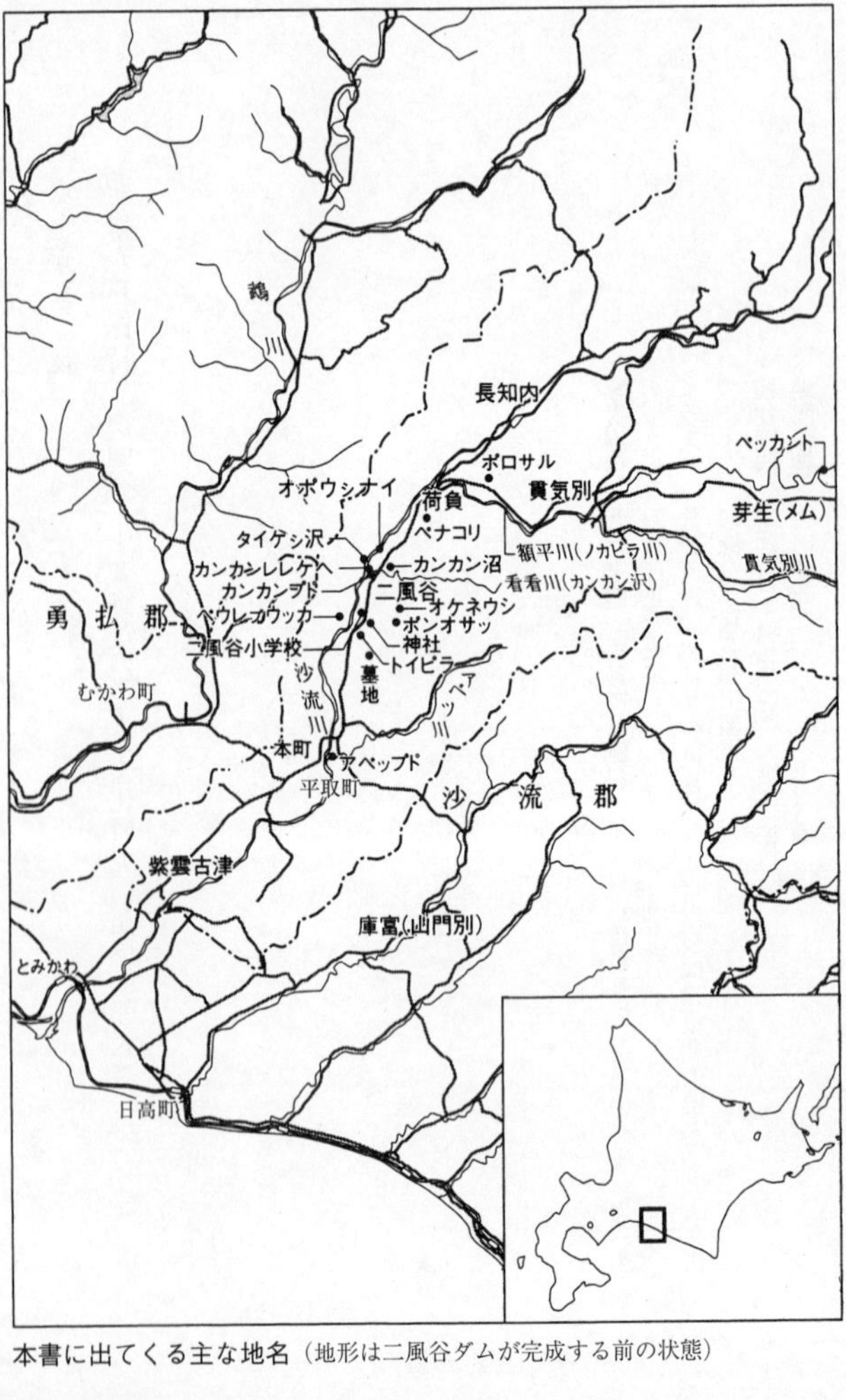

本書に出てくる主な地名（地形は二風谷ダムが完成する前の状態）

はじめに

今から七〇年近く昔のこと、私が祖母てかってに連れられて近くの沢や山へ山菜を採りに行くと、祖母は独り言のように「隣のばあちゃんも採りにくるといっていたから」とつぶやいて、次々と採る場所を移していった。

それは、隣のばあちゃんのためといいながら、実は一カ所で山菜を根こそぎ採りつくさない、自然を大切にする心得であり、来年の種を残すための教えであった。また、小魚を獲るために平たい石を動かすと、それは魚の寝床なのだから元のように平らにしなさい、というなど、アイヌは本当に自然の中に生き、山から、川から食べ物をいただくという感謝の心を忘れなかった。

川でサケを獲ってもカラスの分、キツネの分など、生き物に食べ物を分け与えた。それらの教えはウウェペケレという昔話の中で何回も何十回も聞かされたものである。

この小さな本の中味は、私が見た話、聞いた話、実際に手で触れその感触を覚えている数々のことなど、アイヌ自身の体験記であり、昔のアイヌの村へご案内する気持ちで書かせていただいた。

門外不出の葬式の話もあるが、肩のこらない子どもの遊びの話、子どもがカケス一羽を獲ったときの、大人がクマ一頭を獲ったほどうれしかった思い出なども記した。

あなたの書架の片隅にこの一冊を並べて下さることを心からお願いし、これを書いた一人のアイヌからの言葉とするものである。

アイヌ語の表記について

本書ではアイヌ語をカタカナで表記した。一般の日本語表記にない字の発音は以下のとおり。

・ドは英語のトゥデー（today）のトゥと同じ発音。

・日本語の「はねる音」や「つまる音」は、小文字でプ、ッ、ク、シ、ムと表記する。それぞれ、p、t、k、s、mに対応するが、-pp-、-kk-、-ss-のように同じ子音が続く場合は、ッで表記してある。

・小文字のラ、リ、ル、レ、ロは、母音をともなわないrに対応するが、直前の文字がア段ならばラ、イ段ならばリ、オ段ならばロというように表記する。

（以上、『萱野茂のアイヌ語辞典』に基づく）

アイヌ歳時記——二風谷のくらしと心

本書は、二〇〇〇年八月、平凡社より刊行された。

序章　二風谷に生まれて

これから書き進める多くのことがらは、私が物心ついた昭和五（一九三〇）年一二月二五日から平成一一（一九九九）年までのくらしの中で体験してきた、最もアイヌらしい行事やできごとの数々である。

昭和五年一二月二五日というのは、そのときに見たイヨマンテ（クマ送り）のことを鮮明に記憶しているためで、その様子から書き進めることにしたい。ただし、その年月日を私が知ったのは後のことである。

そのイヨマンテのことを二風谷《にぶたに》アイヌはマンローさんのイヨマンテといっていた。それはニール・ゴールトン・マンローという、二風谷に立派な家を建ててくらしていたイギリス人がアイヌ研究のために資金を出してやらせたイヨマンテだからであった。

ここで簡単に自分自身のことを述べておこう。私は、大正一五（一九二六）年六月、今くらしている北海道沙流《さる》郡平取《びらとり》町二風谷に、父アレクアイヌ、母はつめの四番目の子として生を受けた。父方の祖母てかっては、その昔のアイヌ女性の風俗そのままに、口のまわりと手の甲からひじまで入れ墨をしていて、日本語をまったく話せず、孫である私との会

昭和14年にイタリアの民族学者マライニが撮影した冬の二風谷。中央が筆者の生家

話はアイヌ語ばかりであった。

祖母は私が生まれたときすでに八〇歳。長生きしてくれたので、数え年二〇歳になるまでいっしょにくらすことができた。私が知っているアイヌ語は祖母との会話の中で覚えたもので、何の苦もなく身についてしまったのである。

祖母の死後、いろいろなことが重なって私はアイヌがいやになり、アイヌから七年か八年ほど逃げたあと、昭和二八年にもう一度二風谷に戻ってアイヌ民具を収集・製作するようになった。そして、萱野茂二風谷アイヌ文化資料館と平取町立二風谷アイヌ文化博物館の建設にたずさわった。この二館の展示物は妻れい子と協力してできた仕事である。

このほかに、アイヌの昔話やユカラなどの録音を七〇〇時間以上、市販されている本が約四〇冊と金成《かんなり》マツ筆録、萱野茂訳のユカラが二二冊になり、これはこれからもさらに続くことになっている。

このように、私は最初からアイヌ文化や言葉が好きであったのではない。今いるアイヌ嫌いのアイヌたちがいい、考えていることは、四十数年昔に私も踏み歩いた道であった。

さて、昭和五年一二月のマンローさんのイヨマンテのことだが、子ども心にも不思議に思ったことの一つに、イヨマンテの会場となったチセ（家）の東側には少し屋根があるのに、西や北、南側には屋根がなかったことがある。

後になって気づいたことだが、それは当時の二風谷には電気が来ていなかったので、写真撮影の際に採光をするためであった。当時の記録映画に屋根の骨組みが黒く写っていることでよくわかったのである。

今一つ子どもの目から見ると不思議なことに感じられ、忘れられないのは、ヘペライ（花矢）の先に真っ赤な布きれがついていて、その赤が真っ白い雪の上に映え、美しかったことである。

このイヨマンテのときに祖母てかってが、古い踊りとして、テレケイペホリッパ（カエル踊り）というのを披露したが、それについて村人の中から、外国人が見ているのに恥ずかしい踊りをしたという文句が出た。

イヨマンテの後に何人かの人が祖母のところへ来たが、祖母は、昔はカエルばかりでなく、鳥や獣の動きや声をまねた遊びや踊りがたくさんあったものだ、あの踊りが悪いというのならこれから踊りません、といって決着がついたらしい。踊り方は、池の中でカエルが両手と両足を広げ水面へ浮かび上がろうとしている姿で、踊りながら出す声は、「オーホホホッ、オーホホホッ、オーホホホッ」のくり返しであった。

その声がまた春先にあちこちの池や水たまりから友を呼ぶカエルの声にそっくりそのままで、いやな感じはまったくしなかったが、それがいけないとは。皮肉にも、そのときの祖母の踊りの写真をしばしば目にすることがある。

踊りの話が出たついでに、十勝地方に伝承されているバッタの踊りのことにふれよう。

バッタのことをアイヌ語ではパッタキキㇼ（パッタ虫）というが、踊るときの歌声と踊る姿がバッタそのままである。最初に踊るときの歌声をアイヌ語で記すと、

「トカチエソロ　ハイイエー　ハイイェー　チコッチャケタ　チコッカサパ　チウトモキーッ　チウトモキーッ　チオシマケタ　チシットキヒ　チウトモキーッ　チウトモキーッ　トカチエソロ　ハイイェー　ハイイェー」のくり返しである。

これを日本語に訳すと、

「十勝平野　その中で　その中で　私自身の前のほうで　私自身のひざ頭とひざ頭を　ぶつけながら　ぶつけながら　私自身の後ろのほうで　自分自身のひじとひじを　ぶつけながら　ぶつけながら　十勝平野　その中で　その中で」である。

踊る姿は、背中が平らになるくらいに腰を曲げ、両方の腕をひじのところで曲げて指先を伸ばし、勢いをつけて両方の腕を前後に振りながら「トカチエソロ　ハイイェー　ハイイェー」と歌いながら進んでいくのである。

人間以外のものを人間にたとえることを擬人化というが、人間が虫のまねをする場合はどのような言い方をするのだろうか。見ていてバッタそっくりに見えるのには驚きである。沙流川地方に伝承されている、チャッピーヤクというアマツバメの踊り、ハララキというツルの舞いなどがあるけれども、バッタの踊りほどそのものに似ていない。

十勝のバッタ踊りは私の大好きな踊りであり、この種の踊りを次々と復活することができないものかと思いながら、祖母のカエル踊りの写真を目にしている。このような形でアイヌの内側から故意に捨て、あるいは捨てさせられた歌や踊りがどのくらいあったのだろうか、もったいないことである。

第一章　四季のくらし

アイヌ村の正月

それでは、昭和一〇年前後のアイヌの村における正月の準備の様子から始めよう。

その昔、アイヌ社会では葬式のあとに墓参をするという風習はなく、おいしいものや珍しいもののある正月とお盆に先祖の供養をした。

そのときにぜひ必要なものはヤナギの木を削ったイナウ（御幣）で、生木をそのまま材料として削るとよりがかからないので、使う一週間か一〇日前に伐ってきてゆっくりと生乾きにする。したがって一二月二〇日過ぎになると、父は正月に必要なイナウネニ（御幣の材料）を伐りに河原へ行った。私もいっしょに行って、いい材料を教えてもらったのである。

太さ三、四センチ、長さ一メートルほどの木で節のないものを選び、二〇本ほど伐る。そして父が背負い、子どもの力に合わせて数本ほど背負わされて家へ帰ったあと、父が外側の皮を削って乾かした。

昔のアイヌ社会には正月の風習そのものがなかったが、日本人（和人）が移住してきてから、正月という言葉も入ってきたもので、その正月という言葉にアイヌ語を入れてアシリパノミ（新しい年を寿ぐ）というようになった。

正月近くなると、餅をつくことになる。村で一番の貧乏なわが家にはもち米を買う金がないので、白い餅は神さまにあげる鏡餅用の一臼分、そのほかはモチアワとかモチイナキビの黄色い餅であった。

もち米を蒸かすのに今のように蒸籠《せいろう》というものがないので、上を取った石油缶の中にわらとか紙を入れて燃やし、それで石油のにおいを除き、缶の高さの四分の一ほど水を入れる。水と蒸かすものの間に小さな椅子のような台を立てて湯気を立て、その上へ目の粗い布袋にもち米を入れて蒸かすのである。ストーブのない時代、たき火にかけておこなうので大変なことであった。

そのような道具で蒸かしたものを臼に入れて杵でつくが、餅をつく日はだいたい一二月二八日で、二九日にはつかなかった。九の日は苦につながるということであったらしい。一臼目は臼さらいといってその場でみんなで食べ、腹がいっぱいになってから兄たちが杵を振り、ペッタン、ペッタンと威勢のいい杵の音、二臼目で鏡餅を丸めて作った。三臼目からのし餅あるいは餡くるみといって、つきたての餅を薄く延ばして中へ餡を入れたものなどを作るが、先に食べるのは餡くるみと白い餅で、一月の中頃まで残っているのは黄色のイナキビ餅とアワ餅であった。

餅をつく数日前に家で飼っていたブタを屠る。その四本の枝肉のうち一本は自家用として家に残し、残り三本を近所で予約してあった人に売って正月用のものを買いそろえていた。餅をつき豚肉を一枝分自家用にとっておく。これでいうところの年越しの準備が整った。

一二月三一日の夜は何を食べたかよく覚えてはいないが、今のように年越しそばを食べたと思う。元日の一日はほうきを使うことはよくないこととされていて、なるべく静かに新しい年を迎えるという具合であった。

先祖供養の日

一月二日からはアイヌ風の先祖供養がそれぞれの家でおこなわれ、私の父のアレクアイヌは神主役、この日はシンヌラッパ（先祖供養）なので坊さん役といったほうがいいのかもしれない。

ていねいに先祖供養をする家では、供養祭に先立ち、山の神＝シランパカムイ、川の神＝ワッカウシカムイ、そのほかそれぞれの家のパセオンカミ（最も大切にしている神）へのお祈りをする。お祈りをする神によっては一柱の神に、ポンスドイナウ（ヤナギのイナウ）四本、チェホロカケプ（上から下へ削ったイナウ）一本、キケパラセイナウ（房散らしイナウ）一本、キケチノイェイナウ（房よりイナウ）一本など、七本を合わせたものをシネヌサ（一組で一柱の神）といって立てるものであった。

一柱の神にこれだけの数が必要となり、たくさんの神に贈るために家の東側の祭壇にずらりと並んで立てられたイナウの列は質素な中にも重厚ささえ感じられた。真っ白い雪の中に、雪の白さに負けないイナウを見ると、なんとなく今年はいい年になりそうだ、とすがすがしい気持ちになれたものだが、それも今は昔語りになってしまった。

先祖供養のやり方というか順序は、正月のために用意した餅のうち、アコロアマムシト

パセオンカミにささげる７本のイナウから成るシネヌサ

先祖供養のためのヌサ（祭壇）

ドキパスイ（捧酒箸）

（私たちの穀物の餅）といって、イナキビ餅とアワ餅を多くし、もち米の白い餅は少しだけ出すようにする。

先祖供養の行事では、黒い漆塗りのドキ（杯）とお膳を使うことになっているが、黒塗りの道具はそう多くはないので、必ずというほどではなかった。どんなに略式であっても、アペヘコテ（火の神へのお祈り）だけは略するわけにはいかない。最初に火の神にお酒をあげて、新しい年を迎えたので、今年一年家族一同が無事に過ごせるように、とお祈りをする。

アイヌ語でオッチケというお膳に餅をふくめてリンゴ、ミカン、菓子を山盛りに載せ、そして日本風の精進料理とちがって肉や魚を用いた食べ物をもう一枚のお膳に載せて横座に並べる。

忘れてならないのは、チェホロカケプ（上から下へ削ったイナウ）一本をお膳に載せ、それらがそろったのを見てから神主役の男が杯になみなみと酒を注がせることである。普通のお祈りの場合の酒の注ぎ方は一気に注がず途中で一回切るが、この場合は一息にドキにあふれるほど酒を注ぎ、杯の上へドキパスイ（捧酒箸）を載せる。そこで初めて神主役の男がゆっくりとした口調で祝詞を述べるが、それは次のような言葉である。

シンヌラッパ（先祖供養）の言葉

イレスカムイ　モシㇼコロフチ　オリパㇰドラ　ネワネコㇿカ　タパンヌラッパ
火の神様　国土を司る神　遠慮とともに　ではあるが　これら食べ物と
タパンイチャㇻパ　タパンドキ　オソンココテワ　ウンコレヤン　カムイモシッタ
この供物に　この杯に　言葉を添えて　くださいませ　神の国で
カムイネアンクㇽ　ククㇿシンリッ　レコㇿカド　〇〇〇　ネルウェネナ　アットㇺサマ
神になった人　私の先祖　その名前は　という人です　その人へ私は
チドキウㇰテプ　ネルウェタパン　アイヌオッタ　ドキアニ　オンカミアンヤッカ
この供物を送り　たいと思うのです　アイヌのところで　杯に一杯だけ　送っても
カムイモシッタ　シレパヤクン　イヨノコンカ　ヌマッコエウン　シレパナンコㇿ
神の国へ　着いたならば　大きな酒樽に　あふれるほどに　増えて届くはず

ネプハルオッタ　ネワネヤッカ　ニヌムヘネ　タンパクヘネ　ネアヤッカ　ポロシケネ
いろいろな穀物や　その他の食べ物　果物や　タバコなどを　たくさんの供物　大きな荷物
ポロヤロネ　シレパナンコロ　カムイモシッタ　エネアンクニ　ドキウㇰニㇱパ
かますにつまり　着くであろう　神の国で先祖が　おこなうことは　杯を受け取った人
ノラムウタㇻ　アシケアニワ　ピㇼカイクソ　ピㇼカマラプト　エオマクニㇷ゚
最も親しい者を　招待して　大宴会が　開かれることに　なっている
ネルウエタパンナ　エネネヤㇰネ　チホッパシンリッ　ピカンオカタ　アウタリウタㇻ
そうすることに　よって　神の国へ帰った　先祖たちの後で　くらしている
インネワシラン　ネイタパㇰノ　アイヌイキㇼ　ニㇱパサンテㇰ　シピラサワ
私ども大勢の仲間が　いつまでも　アイヌの血統　絶えることなく　繁栄する
ドㇰノクニ　アㇱノクニ　カムイモシㇼワノ　チコプンキネ　アエカㇻカㇻクニㇷ゚
そして幸せに　くらせるように　神の国から私たちを　守ってくださる　ことになっていると

ネルウェネナ　セコランヤクネ　イレスカムイ　エヤイカムイ　ネレクニプ　ネルウェタパンナ
思っている　そうなれば　火の神自身も　神として　尊敬される　ことになっている
エエパキタ　イレスカムイ　アカムイドンチマッ　インネワシラン　イキッドムタ
その次に　火の神には　大勢の召使いが　おられるが　そのなかで
ラメトコッタ　パワシヌオロケ　ケマスッカシ　チノサラマ　アエカラカラヒケ
度胸を　雄弁を　足の速さを　兼ね備えた　その者を
アエウテクカラ　タプクイエヒネノ　タパンドキ　アエプピリカヒ　シンリッコタヌン
使いに出して　今私が申したように　この杯を　この供物を　先祖の村へ
シレパクニ　アエサンニヨワ　ウンコレヤン　イレスカムイ　パセカムイ
送り届けて　くださるように　お願いを申しあげる　火の神さま　尊い神に
コンカミナー
私は礼拝をいたします

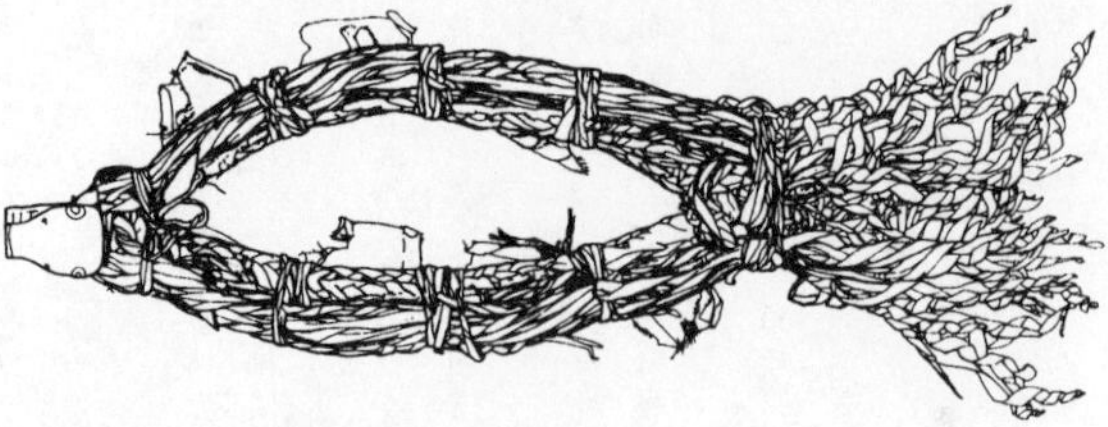

男性が儀礼の際に頭にかぶるサパンペ

このお祈りをする場合は杯の上に載せたドキパスイ（捧酒箸）を動かさない。また先祖供養のときには頭にサパンペ（冠）をつけないし、人が死んだときの行事にもサパンペなしでする。

沙流川地方では先祖供養をシンヌラッパといい、静内地方ではイチャラパ、旭川地方ではイヤレというなど、呼び方は異なっていてもやり方はあまり変わらない。

右のようなお祈りをしたあとに、家の中では必ず女性でも男性でも老人一人だけを残し、大方の人がそれぞれ、杯を持つ人、囲炉裏の中から熾《お》き火を入れ物に入れて持つ人、お膳を持つ人、イナウを持つ人というふうに戸口から出ていく。

そして、戸口のところに立ち止まり、身体を家の内側へ向け持っているものを右座のほうへ先に、そして左座のほうへというようにていねいに何回も礼拝してから外へ出て、祭壇のところまで行く。

前もって用意してあるトマ（ござ）の上へ並んで座り、持って出てきた火の神の分身である熾き火をおき、そのそばへチェホロカケプ（上から下へ削ったイナウ）一本を立ててから、お膳に山盛りに盛ってきた供物を一つずつおく。

そのときにいう言葉は、これは誰それが好きであった食べ物であったので、と亡くなった者たちの名をいいながら、ミカンであれば皮をむき、お菓子や餅を次々と並べる。そして、持って出てきた杯の酒をドキパスイの先につけてはチェホロカケプの頭のほうへつけ、このしぐさをひとりずつおこなうので、祭壇のそばで三〇分くらいは座っていたものであった。

そのまわりに私ども子どももとイヌが待っていて、大人が家へ入ったあとにイヌは肉とか魚を、子どもたちはおいしそうなお菓子を取って食べるが、ときには刻みタバコがついていて、少しちがう味がした。

その昔は一軒残らずこのやり方でやるので、先祖供養のはしごとなり、神主役の都合によって二日から始まっても二〇日頃まではどこかの家で供養祭をしていたのである。しかし、明治二五年、二風谷小学校が創立されてやってきた日本人の先

上から下へ削ったイナウのチェホロカケプ

生がその様子を見て、一軒一軒同じことをするのは無駄なことだ、供物を持ち寄り合同でやりましょう、ということになった。

それに賛同したアイヌたちが、明治の終わりか大正の初めの正月に小学校へ供物を持って集まり、合同のシンヌラッパをやった。ところが、その夜に一人のアイヌが沙流川のほうへ下りて凍死した。

それを見た二風谷アイヌは顔を見合わせ、これは先祖のところへ供物が届かなかったのかもしれない、やっぱり先祖供養は自分の家でしたほうがいいということになり、合同シンヌラッパはこの一回で取りやめになってしまった。

そのときに亡くなったのは、貝沢仁三郎という人であった、とどるしのばあさんが聞かせてくれたのであった。

供物を持って祭壇の前へ行ってはならないのは妊娠中の女性で、そのため近所の若いお嫁さんがいっしょに外へ出ないのを見た年寄りたちは、あのお嫁さんにはおめでたの兆しありと、そっと見守ってあげるものであった。本人、とくに新妻は妊娠を知られるのを避けたいのだが、ここでみんなにわかってしまう。しかし、それによって周囲の人びとがそのお嫁さんを大切にすることにつながっていた。

このように、私が物心ついた昭和五年頃から昭和五〇年代までは、正月の大切な行事としてシンヌラッパをしていたものであったが、現在ではこれをやっている家は数えるくらいになってしまった。

私自身の家庭のことをいうと、祖母てかってが亡くなったのが昭和二〇年一月、父アレクアイヌが昭和三一年二月で、これらは完全にアイヌの風習の葬式であった。母が亡くなったのが昭和四五年一二月であったが、これは法華宗であったので位牌があり、昔のやり方と両方での供養をしており、複雑な心境である。

ウサギの罠かけ

正月の行事である先祖供養が終わると村も静かになり、秋のうちに伐り倒してあったシラカバの木の枝を食べにウサギが集まってくる。その様子を確かめてから父は、倒しておいた木のまわりに罠《わな》をかけた。

罠をかけるときには私を連れていって罠の場所を教えるが、見回りは私の役目で、父が朝早く今朝は罠にウサギがかかっているから急いで行けというので行ってみると、本当にウサギがかかっていた。

どうしてわかるのかと父に聞くと、父はにこにこしながら、それはね、女性の客が家へ来た夢を見たらまちがいなく獲物がかかっているものだ、と聞かせてくれた。

見回りは毎朝のことではなく二日か三日に一回であったので、罠にかかったウサギは石のように堅く凍っていて、それを火棚の上に載せて凍ったのが溶けたら皮を剝いだのである。

皮剝ぎするときに大切なことが一つあって、何かというと、ウサギは皮下脂肪がほとんどない動物で、脂身といえば前足の付け根に大人の小指の先ほどがあるだけである。父はそのわずかの脂身を両方の手にうやうやしく押しいただき、「フーン　ケライネクス　イセポカムイ　エハルコロルウェ（ああ　さすがに　ウサギの神さま　たくさんの脂身を）」とお礼をいうのである。

これはクマにしてもシカにしても、またとくにムジナ（タヌキ）などは脂身の塊のようなものなのに、ウサギは脂身というと小指の先ほどしかないのを常々恥ずかしく思っている。それを知っているアイヌ民族はウサギの神に恥ずかしい思いをさせないために、大げさに声を出してあたりの神々にも聞こえるように、ほんのわずかの脂身を両方の手で押しいただくわけである。このことは狩猟民族として獲物の神たちに恥をかかせないための心づかいであり、今でも忘れることのできない一場面であった。

皮を剝いだ肉はぶつ切りにして煮て、煮えたぎっている鍋の中から肉を上げて火棚の上に載せておくと、肉から水分がきれいに蒸発しておいしい乾し肉になる。それをむしって

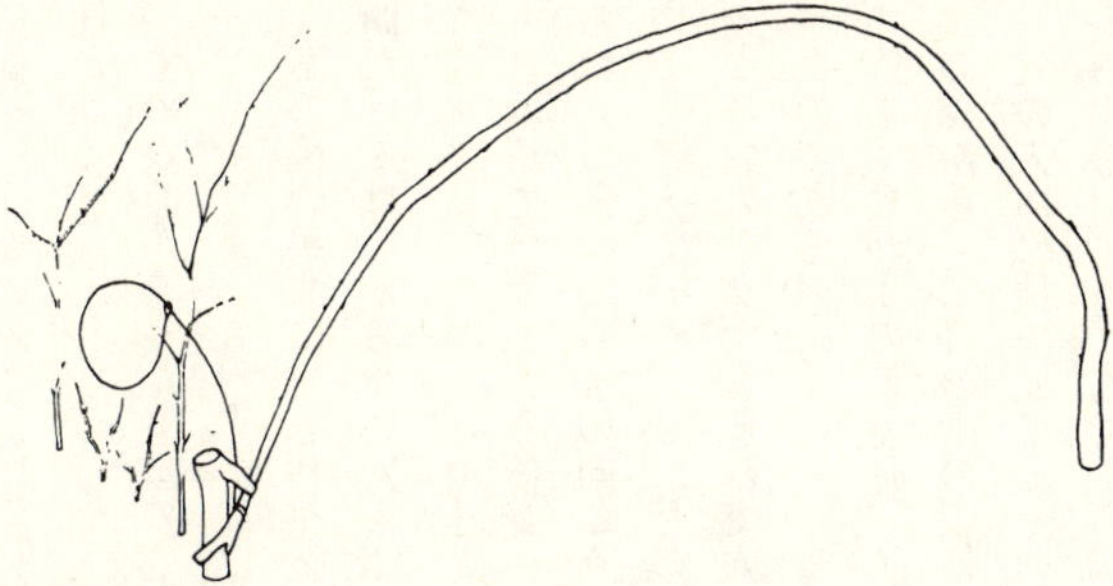

ウサギを捕る罠

食べた。

肉を煮るときに眼球だけをえぐり取り頭をそのままいっしょに煮て、これも火棚に上げて生乾きになったときに肉をそぎ取って食べた。頭骨はきれいなイナウでくるみ、長い耳をつけて外の祭壇へ持っていき、神の国へ送り返した。

皮のほうは当時としては売り物にもならないので、剝いだらすぐに広げて両端を尖らせた萱を皮の縁と縁に当てて乾かすと、一日か二日できれいに乾いてしまう。その皮を背中に当てたり、そりに乗るときに尻の下に敷くなど子どもたちの遊び道具にしたが、寒いときのこと、けっこう役に立ったものであった。

二月に降る雨

二月に降る雨のことをアイヌたちはキムンカムイポフライエプ（クマ神子ども洗いの雨）といって、穴グマ

(冬眠穴にいるヒグマ)狩りの目安にしたが、昨日までは腰までの深さの雪が一回の雨で表面が凍る。

雪の表面が凍った堅雪のことをウカといって、上を大人が走ってもぬからないほど堅いと、ポネウカ(骨のような堅雪)と呼び、これほど堅いと狩人にとっては都合がよかった。雨の後の寒波に、それっ堅雪だぞとばかりに、お目当てのクマ穴に向かって走るが、人間だけではわからない穴も、いっしょに走っているイヌがすぐに見つけてワンワンと教えてくれる。

日本語では穴という言葉になるが、アイヌはカムイチセ(神の家)といって、見たところは穴であってもその向こう側では神が人間と同じに火を焚き、人間と同じ姿でくらしていると考えていた。一二月の吹雪の日を選んで足跡をくらませて穴に入り、春の三月に二頭か三頭の子グマを連れて穴から出てくるのを見て、これはまさに神業であり、神だと思ったのである。

飲まず食わずの三カ月、子どもを産んで育て、走りまわる子グマといっしょにいる親グマの姿から、二月の雨の頃には穴の中に子グマがいることをアイヌたちは知っていた。

穴の入口に棒を立ててその先に縄を結び、縄の端を後ろの立木にしばり、クマが急に穴から出ないようにしてから、穴の中の親グマを弓矢または鉄砲で撃ち殺す。

その後で穴に潜り込んで、目も開かず大人の両方の手の平にすっぽりと収まるほどの大きさの子グマを家に持ち帰って、一年ほど神の国からの客とした。

アイヌはクマを、神の国からアイヌのところへ広い風呂敷に肉を包み、それとともに熊の胆《い》（胆嚢）という薬などをおみやげに背負ってきてくださる神と思っていた。その神の子どもを授かった場合は大切に育てて、一年後に神の国の親元に送り帰すのが、世にいわれるイヨマンテ（クマ送りの行事）であり、これは村をあげての祭りであった。

大切な祭りイヨマンテ

前の年の二月に連れてこられた子グマは、一年間おいしいものを食べさせられてくらしたので、体重は一〇〇キロ近くになり、これ以上大きくなると危険が伴う。そこでクマの飼い主は、二月の何日かにイヨマンテをおこなう、と近在の村へ使いの者を出す。このことをイヤシケウク（招待）といい、使いは必ず二人で行かせた。

それは大切な口上にまちがいのないようにという配慮からであり、二人の若者も気の利いた者が選ばれるので得意顔で村から村へと飼い主からの伝言を伝え、サケイユシクル（祭司役、イヨマンテの最高責任者）もこのときに依頼するのである。

この間、クマを養っている村では飼い主ばかりに任せるのではなく、村の中で主立った人たちに集まってもらい、イナウ（御幣）の準備、当日クマをつなぐ綱のことなど、役割分担が決められる。

これらの中で最も大切なのは、イソノレアイ（仕留め矢）とヘペレドシ（クマをつなぐ綱）で、下手な者が作った矢はクマに刺さらないし、綱が緩いとクマの首から抜けて危険であった。また綱がきついとクマは窒息死することになるし、クマの首に手を当ててはかるわけにもいかないので、すべては経験と勘が頼りである。私も数回のイヨマンテに綱を用意したが、緊張の極みであったことを忘れることができない。

二週間前に大きなクトシントコ（帯のある行器《ほかい》。行器は食物を盛って運ぶための収納具）に醸した酒もいい味になり、ヘペライ（花矢。ヘペレ＝子グマ、アイ＝矢）を三〇本、イナウもそろえ、たくさんの団子、イソノレアイ（仕留め矢）、ヘペレドシ（クマをつなぐ綱）など、クマ送りの準備は整った。

さて当日になると朝から、村人はいうに及ばず次から次へと客が集まり、隣村の村おさにお願いをしてあったサケイユシクル（祭司役）がご到着。この人をチャイヌコロクル（最も丁重にもてなす人）といって、若者が正装をして家の外まで出迎え、その手を取っていねいに案内し、家の中へ招き入れる。

隣村の人を祭司として選ぶのは一つの約束ごとであり、必ずそうしなければならないも

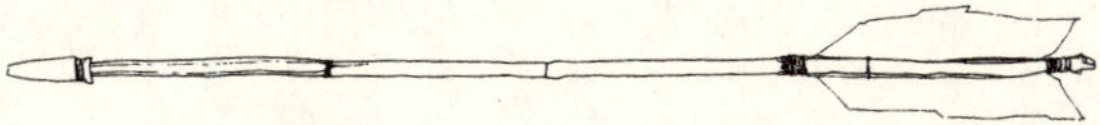

イソノレアイ（仕留め矢）

のであった。自分たちの村だけの行事ではなく、近くの村々の協力をあおぐ意味もあったわけである。

祭司役が到着するとざわめきも収まり、所定の場所である囲炉裏の右座へ着席する。ここで祭司の指示にしたがって席順が決められるが、炉に近いほうが上席で上座の窓に近いほうが下座になる。囲炉裏を挟んで上座の窓のほうへ座ることをウウェソプキ（席に着く）といい、両方の席で男性は一五、六人になるが、女性は家主の妻とか年長の老女のほかは男性の後ろに座る。

祭司が一人一人の顔を確かめ、そろったのを見てから、オンカミヤン（礼拝）、と声がかかる。そうすると最初に火の神さまへ、次は今日のイヨマンテに人間と神との仲介の労をとって下さるお酒の神さまに、三番目には自分の向かい側に座っている男に対し礼拝をする。

ここで、男たちそれぞれが杯を手に持つと、イヨマレレクㇽ（酒を注ぐ男）、あるいはイヨマレメノコ（酒を注ぐ女）が来て、男たちが持っている杯になみなみと酒を注ぐ。

祭司が男たちに、貴男は水の神へ、貴男は山の神へ、貴男はパセオンカミ（最も位の高い神）へなどと指示を授け、その指示にしたがってエサラカムイノミ（声を出したお祈り）をする。

神によっては外の祭壇の前へ行くなど、正装した男たちが次から次へと立ち、あるいは座ったままで朗々と声を出しておこなうカムイノミ（お祈り）は壮観そのものであった。

杯を持ってお祈りをし終わると、自分の守り神にお酒をささげます、と声を出してあるいは心のうちで念じながら、ドキパスイ（捧酒箸）の先に酒を浸して自分の右の肩と左の肩、そして頭へ、酒をつける。その後に一口か二口飲んでから女性に渡すが、この場合妻帯者は自分の妻の名を呼んで杯を渡し、未婚者は婚約者にあるいは婚約してはいないが意中の女性の名を呼んで渡す。

これが今の言葉でいうと、「つばをつける」ことになるので、若者の中ではざわめきが起きるが、嫁探しの場、婿選びの場がイヨマンテなので、その第一歩が杯渡しになるのである。

たくさんの酒に団子に魚汁などを食べたり飲んだり、昼飯をかねた宴の席とはいいながら、これから始まる最も危険で最もおもしろいイヨマンテの行事を考えると酒を飲んでも酔うことができない。

屋外の子グマはどうなっているかというと、三日前から絶食させてある。アイヌの村でくらしアイヌの食べ物になれてしまったので、腹を空かせて帰したほうが早く神の国の食べ物になじむであろう、という理由からである。

一筆つけ加えると、こうすることで胆汁が分泌しないので大きい熊の胆が手に入る、と私がいったことがある。すると年上の人びとは、余計なことをいうのではない、昔からの約束ごとだ、という。アイヌもやっぱりこれくらいのことは考えたのだなあ、と何となくそれ以上はいわないことにしたものであった。

子グマを走らす

それぞれの神々に今日の祭りが無事であることを念じた後に、ヘペレドシ（クマをつなぐ綱）に酒をあげ、お祈りをした後、ドシアニクル（綱を持つ若者）が檻の上へ立ってクマに綱をかけることになる。

上手な人が綱をかけると思いのほか早くかけることができるが、そうでない場合もあり、綱がクマにかかるまでの間、女性たちがクマの心を静めるためといって、檻のまわりをゆっくりと踊る。男たちは檻の上と横のほうに立ち、木の枝をかぎにして上と横で声をかけ合いながらクマの首に綱をかけて絞っていき、一回結ぶときつくもなくゆるくもなく締まるように作ってある。

綱がかかったことを確かめてから檻の下の棒を三本か四本抜き取って、クマを下へおろし、先ほどの綱のほかにもう一本をつけて三方へ張り、それぞれに若者が二人ずつつく。タクサという笹を束にしたものを持った若者が二人、クマが人に向かっていったり、綱をかみ切りそうにしたら笹の束で顔をガサガサいじるとクマの動きが止まった。

そうしながらドソッニ(綱をつける柱)のまわりを走りまわることをペゥレプパシテ(子グマを走らす)といい、その間に少年たちがクマの頭ではなく体に向けて花矢を射る。少年たちは生きて走っているクマに矢を射ることによって、後々本当のクマ狩りでの度胸がつくことになるというわけであった。

仕留め矢

花矢を射ち終わると綱の一方を柱にしばり、一方を人が持ってクマの体の位置を整え、イソノレアイ(仕留め矢)を弓につがえた男がクマの横に右片ひざを地につけ、左のひじを左ひざにのせる。そして弓を力いっぱい引き絞り、えいっとばかりクマの脇腹を射る。たいていは一本の矢で死ぬけれど、必ず二本射ることになっているので、二本目を倒れたクマに射る。そしてクマを祭壇まで運び、シリクライナウという二本の棒で首を絞めて完全に息の根を止めるのである。その後、クマの向きを家のほうへ向けて綱を解き毛並みを整えてから、若者たち一人ずつがクマの前へ座って礼拝をし、神本来の姿になったことを告げる。

用意してあった木の実や乾かしてあったシシャモなどをクマの体の上へバラバラとまき散らし、アイヌの国は冬であるにもかかわらず空から木の実や魚が降ってくるということを示した。子グマがそれを本気にして、神の国へ行ってから、アイヌの国はいいところだ、冬のさなかに空から木の実や魚が降ってきたといいふらしてくれることを願って、そのようにしたのである。

それが終わってからイリといって、皮を剝ぐが、クマを仰向けにして手首から胸、あごから腹、足首から股のところまで、イペシシテ（線を入れる）をする。

ここで大切なことは、胸のところを一カ所皮を切らずに残しておき、ヌマッピタ（胸ひも解き）といって、えいっ、と高い声で気合いをかけて切り残した皮を切るのである。クマの皮は神さまの着物なので、それを脱がせるときに、胸ひもを解きます、とクマの神に聞こえるようにいうことになっていた。

皮を剝いだあと肉をそいでいき、カムシケニ（肉を背負う木）と呼ばれる準備してあった肉をかける枝つきの棒に、前足の肉、胸をふくめた胴体の肉、後ろ足の肉などをかけていく。

そして、今解いた綱または用意してあったブドウのつるで男女が両方に別れて綱引きを

昭和52年に二風谷でおこなわれたイヨマンテ。子グマを仕留める

仕留めた子グマを前に祈りをささげる

するが、男性が勝ったら次は男グマが獲れるし、女性が勝ったら女グマが獲れるという占いである。

外での行事のおしまいは、アイヌペゥレプ（人間グマ）といって、先ほど解いてあった綱を村一番の屈強な若者にクマと同じように綱をつけて会場を走りまわる。これはクマになったつもりで走らせるので、綱先を持っている若者たちの手加減一つで会場は大いにわきたつのだが、女子どもは逃げまどい、大の男も投げ飛ばされてしまう。これは屋外での余興の一つでクマ神といっしょに遊ぶものと考えられていた。

飲食の宴

それが終わると村人は全員家へ入って中での食の宴となり、持ち寄ったたくさんの食べ物に加え、大きな鍋で肉汁にされていた先ほどのクマの肉も食べる。食べ終わると歌や踊りが始まり、村内での祭りゆえ見物人は一人もおらずみんなが当事者であり、踊り疲れて座っていると手を引っ張られるという具合であった。

夜中近くまでそれが続き、大方の村人が家へ帰った後でのカムイコユカㇻ（神に聞かせるユカㇻ）が語られる。これはゆっくりと語って、これからおもしろくなるところで止めるのである。

クマ神さま、おもしろかったでしょう、この続きはこの次に客としてアイヌの村へ来られたときにお聞かせする、というと、クマ神はユカラの続きを聞きたさに何回も村に来るという。

夜中を過ぎていよいよ人が少なくなったときに、男たちだけでウムメムケ（クマ神の化粧）をする。これは頭の後ろの毛皮から頭骨を取り、耳の毛と鼻先の毛を残してきれいに皮を剝ぐ。脳漿を取り出し、その後へイナウで包んだカムタチ（麴）を詰め、舌の替わりにイナウにはさんだ笹の葉を一枚入れ、眼球を取った後へイナウを丸めて入れ、きれいにイナウキケ（削りかけだけのイナウ）で包み、ウムメムケ（化粧）が終わる。

この仕事は人払いをして数人の男だけでやる大切な仕事で、この間、子グマの神が神の国の両親に持っていくおみやげを包み、ヘペレシケ（子グマの荷物）を準備する。その中身はイナウ、ヘペライ（花矢）、ニヌム（木の実）、クリ、クルミ、干し魚、一本そのままのサケ、団子など、祭りに食べたたくさんの食べ物などを入れて背負い縄でしばる。

クマ神送り

次の朝早く、耳打ちされていた男たちがケヨマンテ（クマ神を送る儀礼）に集まってきて、ユクサパウンニ（二股になった棒）の上にのせたクマの頭を東のほうへ向きを変え、

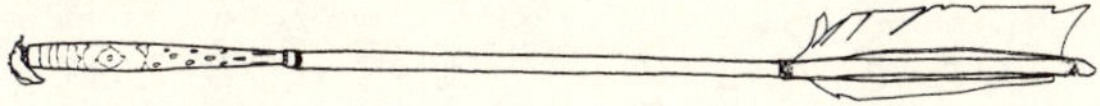

ヘペライ（花矢）

イイェトコチャシヌレアイ（道筋を清める矢）を射る。この矢はヘペライで、主としてクマの飼い主が射ることになっている。

向きを変えたクマの頭はそのまま次の朝までおき、一夜明けたらクマの頭を村のほうへ向け、おみやげや着物を外して一連の祭りが終了する。これをケヨシピ（頭をこちらへ向ける）という。

そして、サケイユㇱクㇽ（祭司役）には、クマのウレハル（足の裏の肉）とニンカリシト（耳輪団子）のほかに肉などをお礼として渡すが、ウレハルをもらえることは最も尊敬されていることの証になる。

こうして前後二週間ほどかかったイヨマンテが何一つ事故もなく終わると、村人を含めて当事者としては安堵の胸をなで下ろし、春を待つことになるのである。

イタヤカエデの樹液を楽しむ

ニトペというのは堅雪が終わりに近くなった三月中旬頃におこなわれる子どもたちの遊びである。イタヤカエデに斜めに鉈で切り込みを入れると、樹液がほとばしるというほどでなくとも、おもしろいほど出てくる。この樹液をニ

（木）、トペ（乳汁）といって、甘みが多いのでそれを入れ物に受けて家へ持って帰り、鍋で煮詰めてもらい、できた飴をなめるのが春の楽しみの一つであった。

ためた樹液を枯れたイタドリの節を抜いて作った筒に入れ、夕方に雪の中に立てておいて翌朝まで待ち、凍っていたら筒を割ってなめることもした。しかし、必ず凍るわけではなく、筒をおいた夜が幸いに寒ければよし、そうでなければ早起きして見に行っても液のままならがっかり、次の朝またどうぞということになる。

昭和一〇年前後のアイヌの子どもたちは友だち同士で誘い合いながら、一晩がかりで樹液のアイスキャンデーを作り、凍ることを楽しみに早寝早起きをしたものであった。

フクジュソウの花集め

これも堅雪のある頃の遊びだが、アイヌ語でクナウノンノというフクジュソウは土が凍っている中から落ち葉を袴に、おれは強いぞといわんばかりに芽を出す花で、その花をたくさんむしって集めるのである。

むしった花を別の木の枝へ一本ずつ差して、やや大きい花が咲いたような形にして、おれのが大きいとか、おまえのが小さいなどと比べては次から次へと大きな花の塊にした。

フクジュソウの花の色は本当にきれいな純金の色といわれ、純金を私は見たことがないけれども、じっと見ていると何ともいえない光沢であり、ぱっと咲いたときの花の色は実に美しい。それでアイヌは、この色のことを引用して最高の宝物のことを、クナウペドムワ　アプスアーペコロアン　カムイイコロ（フクジュソウの花の滴の中から掘り出したような神の宝）、と表現する。

大人たちがどのような言い方、表現をしても子どもたちはおかまいなし、春一番に目にする花として、むしり取って遊んだものであったが、今の子どもはそれをしていないらしい。

大切な山菜ギョウジャニンニク

ギョウジャニンニクのことを沙流川ではプクサといい、旭川や阿寒のアイヌはキトというが、プクサという言い方でもわからないことはないし、二風谷アイヌもキトという言い方は知っている。

この山菜も強いもので、凍っている土の中から芽を出しているので、春一番に食べることができる。アイヌたちが食べ物のないときは、生えているところの落ち葉をかき分けて採ってきた。

日本語のギョウジャニンニクというのは、行者がこれを食べると元気が出て山の中を駆けめぐることができたゆえにつけられた名前と聞いたが、アイヌたちは大切な山菜として食べたのである。

残雪がちらほら残る山の斜面で採るプクサは葉が開いていないが、太いのになると大人の中指ほどの太さとなり、やわらかいので酢の物や卵とじにして食べると本当においしいものである。

四月末近くなると葉が開き始め、ニンニクとはちがうあの強いにおいも強烈さを増し、食べた人が一人いるだけであたりの人は遠ざかってしまうほどである。保存するために採取するにはこの時期が最もよいのでたくさん取ってきて、根の白い部分と葉のほうを別々に刻み、分けて乾かす。葉は汁に入れるもので、鍋をあげる直前にさっと熱湯にくぐらして鍋に入れるが、乾かしてあった葉なのでにおいもきつくなく、おいしいものであった。根元の白い部分はラタㇱケプという寄せ煮の甘味料あるいは香辛料として用いるが、これもまた独特の味がある。寄せ煮は、豆と乾かしておいたカボチャなどを混ぜたものなどであった。

釧路地方の白糠では寄せ煮のことをチョケプあるいはチョスケプというが、チ＝われわれ、オ＝それ、スケプ＝煮たものという意味で、しゃべるときにはチョケプ、チョスケプとなる。

乾かしたギョウジャニンニクはキナハル（山菜穀物）といって大切な保存食でもあり、病気が流行したという噂が聞こえたときには、このキナハルとチェプモㇰラㇷ゚（魚の背びれや腹びれを干したもの）を窓から外へまき散らした。この供物をあげるからこの村を避けて通ってほしい、と病気の神にお願いすると、パヨカカムイ（歩く神＝病気の神）は村へよらずに通り過ぎてくれると信じていたのである。

風邪をひいたら干してあったものを汁に入れて食べるとか、煎じてその湯気を吸うと治るなどといわれ、実際にそうしていたのを見たことがある。

何はともあれ、プクサは春一番に採って食べられる山菜であり保存に適しているので、食料としてアイヌたちが当てにしていたものである。そして人びとはプクサには魂が宿っていると信じていたので、採取のときの約束ごとを民話の中でも教えている。

山菜のギョウジャニンニク

ニリンソウ採り

山菜採りは一人で行くのではなく、数人のお母さんたちが誘い合わせて

山菜のニリンソウ

行くものだが、昭和一〇年前後は一人につき一〇銭ずつ出して、その銭で少しばかりの飲み物や甘いものなどを買って山へ持っていった。そのことを一〇銭足しといっていたが、今でいう割り勘であったと思う。

山菜も採れる時期に遅い早いの差が出るが、プクサキナ（ニリンソウ）は一カ所に座ったままで一人分の荷物となるほどたくさん生えている。みんなが必要とするだけの収穫ができると、先ほどの飲み物を出してほんの少しずつ分けて飲んでから、ヤイサマ（即興歌）をまず歌い、それから身の軽い人が立ち上がって踊り始める。

そうすると若いお母さんは年上の人から教えてもらいながら歌い、そして踊るが、子どもである私は甘いものをもらって食べながらその様子を見て、一人で水遊びなどをしていた。

家へ背負ってきたニリンソウは屋外の台の上に広げたすだれの上で乾かし、冬の間、必要なときに湯がいて汁に入れて食べるが、肉汁にも魚汁にもよくなじんでいい味の山菜である。しかも近くの沢にたくさん生えているし、保存のしかたに手間がかからないので、その昔は一番多く採取していたものであった。

ゼンマイ採り

昭和一一年か一二年頃には二風谷の近くに広い谷地があちらこちらにあり、そこに生えているソロマ（ゼンマイ）を、畑に植えてあるものを採るかのように軽い気持ちで採ってきたものであった。

谷地ゼンマイは採ってきたらすぐに熱湯にくぐらし、一本ずつ手でしごくと、生えている黄色の毛はきれいに取れた。そして、毛を取ってからすだれの上へ広げて乾かした。こうするとお天気さえよければ二日か三日で乾くので、それを保存しておき、食べるときにあらためて湯がいた。ゼンマイは煮ると量が増えるし、肉汁や魚汁に入れると、コリコリと歯触りがよくておいしい山菜である。

山に生えているゼンマイ（クサソテツ）もソロマというけれども、アイラプキナ（矢羽根草）という言い方もある。これにまつわる次のようなカムイユカㇻ（神謡＝神が自らのことを語る話）がある。

オンネパシクルイーネ　タラタクワイーサム　ネータライーネ
年寄りカラスはどこへ行った　俵を取りに行っている　その俵はどうしたの
サケチカラワイーサム　ネーサケイーネ　チクワイーサム
お酒に醸してしまったよ　そのお酒はどうしたの　みんなで飲んでしまったよ
エチクルウェイーネ　チエオソマワイーサム　ネオソマイーネ
飲んだ後はどうしたの　うんこになってしまったよ　そのうんこはどうしたの
セタエワイーサム　ネーセタイーネ　アライケワイーサム
イヌが食ってしまったよ　そのイヌはどうしたの　それを殺してしまったよ
アライケルウェイーネ　パシクルエワイーサム　ネーパシクルイーネ
殺したそのイヌどうしたの　カラスが食ってしまったよ　そのカラスをどうしたの
トシトアライケワ　ラプフアイラプネアカラワ　エピシネレホッ　エキムネレホッ
あれあのとおり殺して　その羽根を矢羽根にして　浜のほうへ六〇本　山のほうへ六〇本

アエアクワ　　　クスアンペ　　　アイラプキナ　　ネネーッ
その矢を射飛ばし　それで生えたのが　クサソテツ　　なのだよ

クサソテツが矢羽根にそっくりなので、それから想像をたくましくしてこのような物語にしているのである。

つぶれイモ集め

昭和一〇年前後のアイヌ集落は大人たちが働くにもその場所が少なくて、救済工事とかいう名目で沙流川の川原から砂利を石油箱に入れて背負い道路まで運んでくるという具合であった。一回運ぶと何銭かになったらしいが、兄たちが冬のさなかにその仕事をしては、夕方になると着ている綿入れの背中と腰のあたりを凍らせて帰ってきたのを覚えている。

疲弊しきった農村、そしてアイヌの村ではこのような仕事も現金収入になり、人びとは食いつないでいったのであろう。

畑のあちらこちらに残雪が残りながらも黒土が顔を出し始めると、収穫の終わったジャガイモ畑の中を子どもたちはペネエモウウォマレ（つぶれイモ集め）に走りまわる。イモ掘りのときに見落としたイモや小粒のイモがそのまま一冬畑に残され、春になって土の中からちょっぴり顔を出したものを集めるのである。

そのイモを家へ持って帰ると、母はそのつぶれイモをきれいに洗って砂を落とし、薄い皮を指先でむき、何回も水を取り替えたあとイモを臼に入れてつき、団子にした。その団子を囲炉裏の熱い木灰の中へ入れて焼き、焼きあがると母が手の平にのせてポンポンとはたいて食べさせてくれた。おいしいと思って食べたものである。

これとは別に、秋のうちに小粒のイモや鍬で傷をつけたイモを外にある小屋の屋根にあげて一冬越すと、凍っては溶け、凍っては溶けしながら春までには畑の中に残したものとはちがうペネエモ（つぶれイモ）となる。これをきれいに皮をむき、水出しをしてはでんぷんを混ぜて臼でつき、団子にしてお粥に入れて煮るのである。色は少々黒いけれど、これもおいしいと思って食べたものであった。

今でもわが家では秋のうちにイモを刻み、底に穴のあいた箱に入れてやや日当たりのいい場所へおいて、凍ったり溶けたりさせながら春を待つ。春になったら、刻んだときの皮を取り除いて水出しをし、でんぷんを混ぜて臼に入れてついてからフライパンで焼いて食べる。これはアイヌの保存食であり、季節の食べ物でもあった。

ウグイ獲り

その年の天候によって雪解けの早いときもあれば遅いときもあるが、四月も一〇日過ぎると畑の雪もすっかり溶けて、二〇日前後には早く蒔かねばならないイモやエン麦畑が起こされる。畑起こしのプラウをウマが引っ張っていくその後ろから、私たち子どもはカラスと競争しながらヌイラ（ウグイ、アカハラ）釣りの餌にする虫を拾った。その虫のことをネッキリ虫といったが、頭は黄色で体は白く、大きさは二センチ足らずだった。

それを小さな缶詰の空き缶に入れて持ち帰り、夕方に川へ行って延縄《はえなわ》をしかける。縄の長さは四メートル足らずで、四〇センチ間隔に六本か七本釣り針をつけた糸を下げた。糸の先の針に先ほどのネッキリ虫を餌としてつけ、やや重い石の錘をつけて川の中へ投げるが、川岸には木の杭を打っておき、そこに縄の端をしばっておいた。

その延縄を三本くらいしかけて朝早く上げにいき、杭の縄を解いて引っ張るが、ウグイがかかっているか早く見たいと思って手元を高くすると、せっかくかかった魚がパシャッと逃げてしまう。

それがわかってからは静かに水際まで引き、水の中で魚を針から外して陸のほうへ投げるか袋に入れたりした。魚がかかっているとうれしくてうれしくて、家へ走って帰った。母は本当に喜んでくれながらさっそく魚を細かく刻むが、ウグイという魚は骨が粗いのでぬたのように細かくし、つまんで汁に入れるので、子どもでも安心して食べることができた。

卵は塩漬けにして食べ、これもけっこうおいしくて春の食べ物として熱いご飯にのせたり、魚がたくさん獲れたときは焼き干しにして砕いて汁に入れた。

この時期は日一日と暖かくなってハエも出てくるので、ウグイは保存には向かない魚だが、春一番に川を遡上してくるので、アイヌたちにとっては待ち望んでいた魚であった。

イモ蒔き

四月のうちに蒔かなければならないのがジャガイモとエン麦である。エン麦蒔きはウマがいる家のことで、ウマがいなかったわが家ではイモを早く蒔くことになる。

昭和一〇年前後のイモの肥料は人糞がふつうであって、外にある便所から肥やし杓という柄の長い大型の柄杓で人糞をすくい、肥やし樽というたがのついた二斗樽に入れた。それに水を入れて薄めた人糞を畑のルロ（畝）に蒔いてある種イモの上からさーっとかけるが、種イモの二つに切り割っておいた切り口に木灰をペタンペタンと塗ることを忘れてはならない。

それと切り口を上へ向けて畝の中へ一粒ずつ足で踏み、しっかりと土の中へ入れるが、切り口を上へ向けるわけは芽を出したイモの茎が広がってたくさんのイモがなるからだという。

四月に蒔いたイモは六月中頃に花が咲き、花は全部むしり取ったほうがよいイモがなるといって、子どもの頃は畝の間を走っては花むしりをしたが、本当によいイモができるのかどうかはわからなかった。

イモは七月の末近くになると食べることができ、ジャガイモは冷害のときほど豊作なので、寒い北海道では、とくにアイヌたちはこれによってずいぶん助かったと聞いている。食べ方は丸のままゆでて、その昔はイワシの脂をたっぷりつけて食べたが、もう一つの食べ方は秋のうちであれば、エモシルプ（ジャガイモおろしがね、イモおろし）ですりおろす。それを布袋に入れてしぼり、でんぷんを混ぜて団子にし、お粥に入れて煮て食べたり、汁に入れて食べたりした。これには大粒のイモを選んで使った。

ここで、北海道におけるジャガイモのことについて記しておくと、

「わが国へは慶長年間（一五九六〜一六一五）オランダ人によりてジャワ（インドネシア）のジャカトラ（ジャカルタ）から長崎に入れられたのが最初とされ、北海道への伝来ははっきりしないが、宝永三年（一七〇六）に松兵衛なるものが瀬棚《せたな》（現檜山支庁内）の漁場近くに開畑して、他の野菜類とともに栽培したという記録がある。その後、寛政一〇年（一七九八）に最上《もがみ》徳内《とくない》が種いもをアブタ地区（現胆振《いぶり》支庁内）の原住民に与え、救荒作物とし

て栽培を勧奨してから道南地方を中心に広く普及するに至った……」（北海道新聞社発行『北海道大百科事典』下巻より）

ここでいう原住民とはアイヌ民族を指し、最上徳内がアブタへ種イモを持ってきてから数えても、二〇〇年は経過し、松兵衛なるものが瀬棚で栽培してから三〇〇年近くなるならば、アイヌの手に

地中に豆を作る土豆

渡ったのはかなり古い時代であると思われる。

アイヌ民族は言葉のとおりジャガイモを救荒作物として栽培し、工夫をしながら食べてきたわけである。

土豆採り

土豆（ヤブマメ）のことを道東・阿寒町（現・釧路市）あたりのアイヌはヌミノカン（粒の小さいもの）といい、沙流川ではアハという。

これは秋に霜の降りたあと、または春早く土が溶けてから土の中から掘り採って食べるが、粒の大きさはトラマルという豆ほどである。さらさらした砂地に少しずつあり、食料

として当てにするほどのものではなかった。

春早くであれば、ヤナギの木などに枯れたつるがからんでいるのを見てその根元を掘ると、アハの粒があるので、それをせいぜい三合から五合ほど掘ればいいほうである。ご飯に入れて食べるが、クリのようにおいしいものであった。めずらしいのとそれほど大量にあるわけではないので、なおさらいい味に思えたのかもしれない。

時によってはネズミが集めておいたのを見つけるとやや多めに手に入るが、これとてしれたもので、まあ、春早くとか秋の初めに食べるものの一つとして考えていたものである。枯れたつるがあったからといってその根元に必ずあるものではなく、砂地であれば残っているが、黒土でしめったところでは土豆は全部ネズミの餌になってしまうので、それを計算しながら掘るのである。

ウドを焼いて食べる

ここでもう一度春の山菜の話に戻ろう。ウドのことをチマキナ（チ＝私たち、マ＝焼く、キナ＝草）というが、それは昔は焼いて食べた山菜であり、草であったからである。

昭和一〇年前後、祖母てかってがウドを採ってきては囲炉裏の熱い木灰の中へぷすっとさし込み、それが焼けたのを見はからって取り出し、皮をむいて食べさせてくれた。言葉のとおり焼いて食べる草であり、酢の物にしても食べたものである。

父はよく、ウドの実が黒くなったらマスが大きな川の淀みや淵から小沢のほうへ産卵のために入っていく、といっていた。それでウドの実が黒くなるのを待ち、マス獲りに上流のほうへ行ったものであった。アイヌたちは、ウドの実が黒くなると何々だというように、自然のものの色を見ながら、山菜を採る時期を決めていたのである。

ウバユリ掘り

ウバユリのことをトレプといい、赤ツツジの花が咲いたら実が入ったとして、ウバユリの根を掘り採る時期の目安にしていた。その年によって春が早いときもあり、遅いときもあるわけだが、赤ツツジを見ているとわかるので急ぐこともなく、手遅れになることもない。

早すぎるとウバユリの葉の根元が切れて必要な鱗茎《りんけい》が土から抜けてこないし、遅すぎるとこれまた葉の根元が切れて鱗茎が出てこない。しかし、赤ツツジの花のある間は鱗茎が抜けてくるのである。このようなことは、アイヌたちが自然をよく観察し、自然とともに歩むいい例ではないかと思っている。

そこで、赤ツツジの花の真っ盛りというと六月の五日頃だろうか、やや大きめのサラニプ（袋）を持って山へ出かけ、ドレプトイ（ウバユリ畑）といってもいいほど葉が重なって群生している場所へ行く。

このような場所へまったく一人で行くことはめったになく、たいていは三人から五人くらいの女性だけで、わいわい、がやがやとにぎやかに仕事をする。

若い人は力があるのでウバユリの引き抜き役、年上の人は葉を根元から切る役というふうに役目を分担しながら、それぞれが背負って帰れるだけの分量を集める。

家へ戻ってきたら、井戸のそばとか水くみ場近くへ行って水洗いをしながら鱗茎を一枚一枚はがし、土やごみがつかないようにして臼または樽に入れてつく。

臼のほうが効率がよいと思うのだが、樽に入れてゆっくりゆっくりまさかりでつき、大方の鱗茎がつぶれたのを確かめてから、ラドフドイカ（ぬめりを切る）といって、水を入れて一晩おく。前日の夕方から翌日の昼過ぎまでおいたあとに笊に入れてこし、こしたほうの水が入った樽には思いのほかたくさんのでんぷんが沈殿する。また笊の中に残ったシチヒ（残り粕）も大切にとっておく。

でんぷんを取った残り粕はそのままの状態、つまり

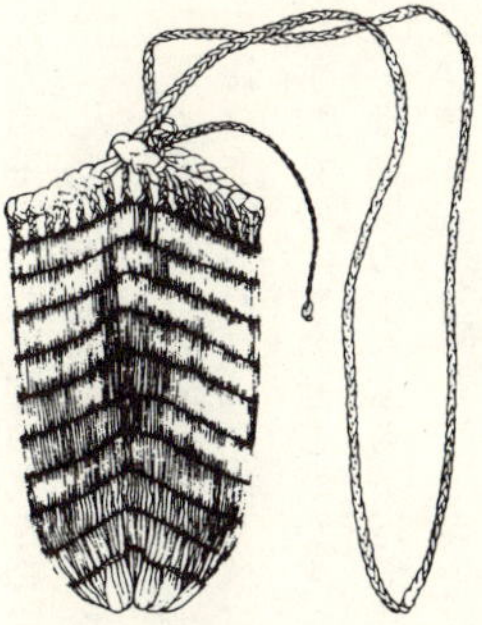
アイヌの女性が使う袋サラニプ

両方の手で持つほどの大きな団子をフキの葉でくるみ、ヨモギをたくさん刈ってきてその中へ入れて発酵させる。これをオンカレ（発酵させる）という。

夏のことで、一週間くらい過ぎてからフキの葉から出すと、甘酸っぱいにおいがするが、それを手の平でペッタン、ペッタンと大きな団子にし、その真ん中に穴をあけて外に広げたすだれの上にのせて乾かす。数日するときれいに乾くので、それに縄を通して家の中あるいは物置の中へぶら下げて保存するが、この大きなウバユリの干し団子のことをオンドレプアカム（発酵させたウバユリ団子）という。

これは、冬の日に食べ物が足らなくなったときに水で戻し、何回も水を取り替えてから臼に入れて杵でつく。そして、同じウバユリのでんぷんを混ぜて団子にし、お粥に入れて食べるのである。

煮た団子の色は少し黒いが、いやなにおいもなく思いのほか食べやすい。このようにウバユリは大切な食料となるので、初夏の数日を費やし保存食として集めたものであった。ちなみに昭和二〇年の終戦前後の食糧難の時期には、アイヌたちは近くの山へ入り、ウバユリをたくさん採って今述べたような加工をして食べたが、近くの日本人もアイヌに教えてもらいながら食べたものであった。

ヒエの種蒔きと収穫

ヒエのことをピヤパあるいはアコロアマム（私たちの穀物）といい、昭和一〇年前後は一種類だけで、プシヒ（穂）が大きく、穂の先のほうに長い毛がついていた。

種蒔き時期は四月末から五月初旬までにすませ、一番草、二番草、根草取りと暑い夏の間に手入れをした。秋九月末から一〇月五日頃までには霜が降りるが、強い霜がくると穂の首が折れてしまうので、その前に収穫しなければならない。収穫がこれまた大変で、一穂ずつピパという貝殻に穴をあけた道具で穂ちぎりをするのである。

ピパのことを俗に貝包丁といい、この貝殻は近くにないので千歳川から採取してきた。

貝殻で作った貝包丁ピパ

穴を開けるときは、生のハギを火にくべて先が赤い熾き火になった部分を貝殻に当てて吹く。それを何回もくり返すと貝の焼けた部分が白くなる。そこへ釘を当て軽くたたくとぽろっと穴があくので、二つの穴にひもを通してそのひもに中指と薬指を通して握るのである。

右手に持ったピパで一穂ずつ穂をちぎるが、朝から夕方までどのくらいちぎることができただろうか。子どもたちも畑へ連れていかれ、暗くなるまで穂ちぎりをさせられた。

ちぎったヒエの穂をサラニㇷ゚という大きな袋に入れて母や姉が背負って帰ってくるが、渡し守のおじさんに、朝早くきて、夜は遅くならないように、とやんわりと注意されながら渡してもらった。

背負ってきたヒエの穂をそのままにしておくと、ウコセセッ（互いに蒸れる）といって食べるときに味が落ちるので、袋から出して家の中いっぱいに広げておく。次の日に天気がよければ家の外でむしろとかトマ（カマ草で編んだアイヌのござ）を広げ、その上へ穂のまま広げて天日で乾かし、数日後にすっかり乾いてから物置へしまう。九月から一〇月中頃まではこのように収穫作業を毎日続けて、なんとか来年の秋まで食いつなぐためのヒエを用意していた。

食べるときはどうするかというと、穂のまま火棚の上へ載せて四日か五日おくときれいに乾く。それを火棚から降ろして大きい臼でつくが、これをイウォセ（粗脱穀）といった。穂から粒になったものをチウォセㇷ゚（脱穀したもの）といって、それをついて少しだけ中の粒が見えたら、サパペレ（頭が割れた）といい、さらに一生懸命ついて精白したものをもう一度一つにまとめてつくことをウスルレ、精白をピㇼケㇷ゚という。

本当にヒエを主食にしていたことの現れとして、精白するまでの言い方も実に細かく分けられており、つく間の糠飛ばしのことはイドイドィエといった。

ところで、アイヌはサケのことをシエペ（シ＝本当に、エ＝食べる、ペ＝もの）といい、話すときはシペという。これはサケが主食であったことからきたと考えられる。アイヌ社会で揶揄《やゆ》的な言葉にアイヌイペ（アイヌ的な食べ方）というのがあるが、それはどのような食べ方かというと、肉汁とか魚汁を腹いっぱい食べて口直しにお粥を食べることである。

ということは、穀類が主食ではなかった時代が相当長い間続いたものと思われ、その名残で今のように穀類が主食になっても、肉汁や魚汁を食べた後にご飯が出ると揶揄的にアイヌイペという言い方をするのである。

さて、ヒエの食べ方としてお粥があるが、ゆるいほうからいうと、まずパシサヨ（走り粥）。水を多く入れてヒエが少ないと、鍋の中での煮え立ち具合がヒエ粒が走っているように見えるのでこの名がついたものである。

次はサヨ（粥）。これはふつうの粥で、その次はシラㇻサヨ。これはやや飯に近い粥のことで、ふつうのご飯はピヤパメシ（ヒエのご飯）といった。

昭和二〇年頃になると手間のかかるアチャアマㇺ（穂ちぎりのヒエ）は少しずつ少なくなって、南部ヒエという穂ちぎりではなく刈り取るヒエが普及してきた。これは手間がかからないのでかなりの人たちが耕作するようになり、それにともない精米所も近くにできたので、そこで精白もできるようになった。

ヒエを臼でつく話ばかりをしたが、二風谷の近くにはたくさんの沢があるので、その流れを利用して、俗にバッタリというイユタプ（つきもの）をする道具を作った。

これは昭和一〇年代、戸数六〇戸の村の中で四〇カ所もあって、大いに役に立っていた。私も自家用のバッタリを昭和四〇年頃まで利用していた。現在は萱野茂二風谷アイヌ文化資料館のそばに野外博物館の付属施設として復元し、昔と同じようにヒエやアワをつかせている。昔は本当に便利な道具であった。

もう一つ、アイヌの村で食生活の変化についていうと、それは昭和一〇年代の米の配給制度に関係があったといっても過言ではない。米の配給によって否応なしに米を買って食べることになったからである。それまでは自家用のヒエ、アワ、イナキビなどで間に合わせていたところへ配給制度ができ、多くの若者が兵隊に取られたための人手不足も重なり、米を食べるようになってしまった。

イナキビの食べ方

シプシケプ（イナキビ、キビ）には、リテンシプシケプ（やわらかいイナキビ＝モチイナキビ）とニッネシプシケプ（ウルチイナキビ）があり、またフレシプシケプ（赤いイナキビ）、インキクンネシプシケプ（黒いイナキビ）、チョクロシプシケプ（やや黒いイナキビ）などの種類があった。

種蒔きはヒエと同じ四月末から五月一〇日頃までに終わらせるが、早生《わせ》もあるし、晩生《おくて》もある。霜の降りる前でまごまごするとスズメがつくので、毎日のように見まわりをして早め早めに穂ちぎりをした。

ヒエと混ぜてご飯にするなどして食べたが、シプシケプという名前は、シ（自ら）、プシケプ（増えるもの）というとおり、ヒエとアワとはちがって煮たときにうんと増えるためについたのである。餅にすることもできるし、大切なこととしては、老人が亡くなったときに死者の枕元へ立てる一膳飯には必ずこのイナキビを混ぜたご飯を供えることに決まっていた。

今でも、わが家ではおいしい食べ物としてこのイナキビを食べている。イナキビでこしらえた団子のことをシトというが、これを作って冷凍庫に入れておき、食べたいときに出してきてパンと同じように焼いて食べるのである。

つい最近、若い女性の観光客が二人、家へ入って休んで下さったので、いつもの調子で隣の部屋にいた妻のれい子に「オーイ、冷蔵庫にあるシトを持ってこい、焼いて食べるから」といったら、二人の女性がさっと顔色を変えたような気配に私は気づいた。

何のことはない、私はアイヌ語の単語を使うし、聞いていた二人はシトが人に聞こえたらしい。くだんのシトを焼いて食べてもらうと、「あーあ、こんな人ならもっと食べたい」と大笑いの一幕だった。これがご縁でこの若い女性たちは、また「人」を食べに二風谷へ来たいといっている。

今から一〇〇年くらい前のことだろうか、富山の薬屋さんが二風谷のアイヌの家へ泊まることになり、ゆっくりと夕ご飯を終えた。日本中を歩いている薬屋さんのこと、いろいろなおもしろい話をするが、その家の入れ墨をしたおばあちゃんは、日本語を聞いても半分もわからない。

退屈になったおばあちゃんは大きくあくびをして、「あーあ、シトでも食べたいなあ」

これを聞いた薬屋さん、自分が食われると本気で思ってしまった。家中のものが寝静まったのを見て、こっそり逃げてしまったという。この話は私が書いた『おれの二風谷』という本にも書いてあるが、うっかり「シト」は使えないと思っている。

アワの穂が泣いている

ムンチロ（アワ）にも、リテンムンチロ（やわらかいアワ＝モチアワ）とニッネムンチロ（ウルチアワ）があり、春四月末から五月上旬までに種蒔きをして、九月末から一〇月に収穫する。

これもヒエやイナキビと同じように一穂ずつ穂ちぎりをするが、子どものときに母や姉といっしょにアワの穂ちぎりをすると、大きい穂はともかく小さな穂をちぎるのがいやになる。それで小さな穂を足で踏み知らんぷりをして前へ進むと、

「茂よ、どんなに小さいネズミの糞のような穂であっても春から秋までかかって実ったものだ。忘れたふりをしたり足で踏んだりしたら、アワの穂たちは、ウノイラナー　ウノイラナー（おれたちを忘れたよー、おれたちを忘れたよー）と泣いて悲しむものだ。忘れたふりをしてはいけません」

と、母から聞かされた。そういわれると、アワの穂がかわいそうになって、小さい穂をつみ取ったものである。

昭和三五年にテープレコーダーを買い、そのあとお年寄りの声をあちこちで録音して歩いているうちに、昭和五〇年頃、淵瀬あきのさんというおばあさんのところへ行った。そこでいろいろな話を聞かせてもらった中に、「アワの穂が泣いている」という話があった。母が聞かせてくれたのはこれであったのか、アイヌが子どもにものを教える教え方の一つであったということに気づいた。その話をここに紹介しよう。

私は一人の本当に貧乏な家に夫と二人でくらしていましたが、ある秋のこと何をするで

もなく、中くらいのサラニプ（袋）を小脇に抱えて外へ出て川のほうへ歩いていきました。川の近くに村おさの広い広い畑があり、そこを横切ろうとして畑へ入り少し歩くと、後ろのほうで人声らしい声がしました。振り向いても人はいませんでしたが、よく聞くとアワの穂が声を出していたのです。

「私たちアワの仲間たちの大きいほうの穂は村おさの召使いたちがつんでいったが、中くらいの穂や小さい穂はこのようにつみ残され、秋雨やみぞれに当たって寒い思いをしている」といっているように聞こえました。

そこで貧乏女の私は中くらいの穂や小さい穂まで一つ残らずつみ取ると、持ってきた中くらいの袋にあふれるほどになり、その袋を背負って家へ帰ってきて火棚にのせました。寒い思いをしていたアワの穂たちはすっかりうれしくなりました。乾いてから臼に入れてついて、おいしい団子を作り、神々に供えて夫と二人でおいしくいただいたのです。持ってきたアワを全部食べずに来年の春のために種を残し、春を待って貧乏な夫と力を合わせて畑を耕し、残しておいた種を蒔くと、貧乏人の私たちの畑に見事なアワが実りました。

それから毎年毎年、そのアワを蒔き、畑全部が穀物倉になったかと思うほどアワが実り、貧乏であった私たち夫婦は豊かにくらせるようになりました。

それに比べて村おさの家の畑のアワはさっぱり実らず、村おさや召使いたちは食べ物もなくすっかり貧乏になってしまいました。

これは、アワの穂をつむときに小さい穂や中くらいの穂を残したので、アワの神様から罰を与えられたのでしょう。今いるアイヌたちよ、イチャ（穂つみ）をするときにはどんな小さな穂でも畑に残してはいけません。


この話を聞いた私は、子どもの頃に母から聞いたウノイラナー（おれたちを忘れたよー）という話をもう一度思い出したのである。

アワの食べ方はお粥であったり、ご飯であったり、餅や団子にしたり、ヒエと混ぜてご飯に炊くなどであったが、ヒエもアワもイナキビもみなおいしいと思って食べたものであった。

一ついい忘れたが、畝を切ることをルロカㇻ（畝切り）、種を蒔くことをユㇷ゚キㇼ（種蒔き）というが、何かまじないのためかユㇷ゚キㇼのときに卵の殻を細かく砕いて種に混ぜてまくとよく実るものだと聞いたことがあった。しかし、私の母がユㇷ゚キㇼのときに卵の殻を混ぜたのを見たことはなかった。

夏のマス獲り

マスのことをサッイペ(サッ=夏、イペ=食べる)といい、しゃべるときにはサッイペといわずにサキペという。この言葉のとおり、夏の食べ物としてアイヌたちが当てにしていた魚であった。

昭和一二年か一三年頃のこと、川泳ぎに行くと、年上の小父さんたちがポロモイ(大きな淵)で網をぐるりと回し、引き網をしていて、それを手伝うとマスを一本か二本もらうことができた。

そのマスを家へ持って帰ると母は大喜びして料理をした。食べ方は汁に入れることもあるけれど、マスにつけられたミミペネ(身がつぶれる)という別名のとおり、身がつぶれてしまう。焼いて食べるのがいちばんおいしく、イマニッという焼き串に刺して一人分ずつ焼いてもらった。

マスは水量の少ない沢へ入って産卵し、それまで大きな川の淵にいて、ウドの実が黒くなってから沢に上っていく。そこでマスがくるのを待っているのはクマとシマフクロウであった。

昭和一六年と一七年に、私は測量人夫として沙流川の上流、ペンケヌウシ沢とパンケヌウシ沢で働いていて、そこでクマがマスを食べるやり方を見たことがある。

クマは氷頭《ひず》の部分だけを一口ガブリ、ガブリと食って歩いた跡があり、産卵が終わってよたよたと沢の縁に流れ寄ったものを食うのでマスが減ることはなかった。新冠川《にいかっぷ》の上流にも測量人夫として歩き、ヌカンライ沢やホロカという沢へもマスがたくさん遡上し、それをクマといっしょに獲って食べながら仕事をしたものであった。

今は川という川にダムが作られ、上流へはマス一匹も遡上できないとは、クマのためにもシマフクロウのためにも悲しいことである。

話をもう一度古いほうへ戻そう。昭和二〇年前後、ウドの実が黒くなると、父アレクアイヌはそわそわして落ち着かなくなり、母に数日分の食べ物、ヒエの精白したものを準備させ、それを背負って沙流川の上流へ行った。

そして数日後にマスの焼き干しと筋子の塩漬けを持ってにこにこしながら帰ってきたものであったが、狩猟民族としての本能がうずうずして待ってはいられなかったのであろう。

春早く遡上してくるウグイ、次にくるマスというふうに、アイヌたちは骨惜しみさえしなければ、次にくるシエペ（サケ）まで食べ物に困ることはなかったのである。

私の測量人夫時代には、ひょっとするとアイヌ民族だけが持っている道具ではないかと思われるマレプ（回転銛）の使い方も、道案内人の坂本三太郎さんというアイヌのおじさんに教えてもらった。マレプはマ＝泳ぐ、レ＝させる、プ＝もの、という意味で、泳いで

回転銛マレプ

いって魚を獲ってこさせる便利な道具である。

フキの葉の家

フキのことをコロコニという。北海道のフキは背丈が一メートル五〇センチくらいはふつうで、葉の差し渡し七〇センチ前後、太さは根元で六センチから七センチ、上手に味をつければ、一本で大人二人が腹いっぱいになるほどだ。

高い山に登って、下のほうで沢水の流れている音が聞こえても目の前に水がない場合、そこにフキがあったら、根元から抜いて三〇センチくらいのところで切ってみる。すると、虫食いでなければコップ一杯分くらいの水が入っている。

これは昭和一七年、測量人夫時代にアイヌの道案内人の坂本三太郎さんから教えられたことで、別にいやなにおいもなく、何回もこのフキの水を飲んだものであった。

野宿をする場合にアイヌたちは、ウセレゥシ　ソモアキプネ（屋根のないところで泊まるもの）ではない、といって必ず形だけでも家らしきものを作ってそこで寝ることになっている。

　そのときに屋根にするのに最も利用しやすいのがフキの葉で、先が二股になった二メートル足らずの棒を二本立ててそれに横棒を渡し、渡した横棒に別の棒を立てかけ、それに太さ二、三センチの棒を六段か七段横に渡して骨組みのできあがり。

　一番下の段からフキの葉を重ねるように右へ左へと並べるが、フキの葉を茎からもぐやり方が大切だ。葉の付け根をにぎって向こう側へぽきりと折って引っぱるとフキの皮が葉についてくる。この皮が役に立つのである。葉を横棒に当ててはその皮をくるっくるっと棒に巻きつけると、皮はまもなく乾いて、風が吹いてもフキの葉の屋根は飛ばされなくなる。

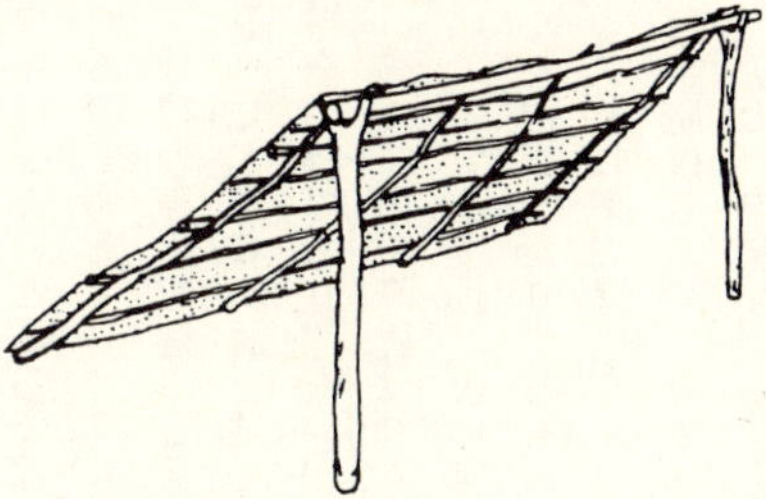
フキの葉を屋根にしたコロチセ

　このやり方で、測量人夫時代や造林人夫時代に野宿用の仮小屋をかけて仕事をしたものだ。一日か二日でフキの葉が乾くので、その上へ葉をさらに重ねること数回、まったく雨漏りはしなくなる。
　このようなわけで、フキがいっぱい生えているところを選んで小屋掛けをするので、材料は目の前で補給できた。

フキの少ないところではクサソテツを使うが、クサソテツの屋根は長持ちしても手間がかかるのである。

野宿の場所を選ぶときの心得として、砂利原はかつて水が流れていたところなので避けるべし、山の斜面を見て灌木が下へ向いて倒れているところは土石流のおそれがあったり雪崩の跡であり危ない、などといわれていた。

また、山の峰尻は神々や獣、そして人の通り道なので、それをふさぐことは大変よくないことであった。よい神々だけでなく魔物も通るので、シドオケシ（峰尻）に小屋を作ったり泊まったりするものではなかった。

フキの葉で屋根をふいた仮小屋はコロチセ、ヨモギとか雑草を材料にして屋根をふいた仮小屋はムンエゥカオマプ（雑草を重ねたもの＝小屋）、マツの葉を屋根にしたときはフプチヤチセ（マツの柴の家）など、材料によって呼び名が異なる。

木の皮を剝ぐ

木の皮といっても用途によって剝ぎ取る木の種類がちがい、ヤラス（木の皮の鍋）やヤラムイ（木の皮の箕）にはサクラの皮がいいものである。

ヤラスは作り方やその形は知っていたが、私には使い方がわからなかったので年長の人に教えてもらい、二風谷アイヌ文化資料館に展示した。

昭和五七年五月一六日から二六日まで、当時北海道大学の教授であった吉崎昌一さんに誘われてカナダのバンクーバー島へ行った。

行った先で招待を受け、カナダの先住民を研究されて三〇年になるという白人ご夫婦の住まいへ行くと、家の外で大きなたき火がたかれていた。最も大切な客をもてなすためにカナダの先住民のやり方でお出迎えを、といいながら、たき火の中から握りこぶしほどの焼け石を木の火箸で取り出した。

その石を高さ深さともに三〇センチほどの木の箱の中へ次から次へと入れると、真っ白い蒸気が上がって、木箱の中の水がグラグラと煮え立った。ややあって、箱の中から煮えた肉や魚を上げて、さあお召し上がりなさい、となった。

私は飛び上がりたいほどうれしくなった。それは、アイヌのヤラスもこのようにして用いると鍋として十分に役立つことがわかったからである。アイヌの木の皮の鍋は嘘ではなかったと思いながら、魚や肉をたくさんごちそうになったことが忘れられない。

このカナダ行きの少し前のこと、弟の貝沢輝一が請け負った建物の基礎工事の現場で、握りこぶしくらいの焼けた石が三〇個ほど顔を出したとの通報を受け、行ってみたが用途がわからなかった。

そのままあった場所から動かすなと指示しておいたが、今ではこの石のこともわかった。石は現在の二風谷アイヌ文化博物館の横にある建物の床下にある。

これこそ、アイヌ民族がかつてはヤラスを用いて煮炊きをしていた証拠の石にほかならないし、カナダで見た焼いた石と大きさもまったく同じであった。

ヤラスの材料としてサクラの皮を剝ぐ時期は六月一八日から二四日までの一週間と思っているが、それより早いと木の本体から皮が剝がれないし、遅いと内皮と外皮がばらばらになって使い物にならない。

剝いできたサクラの皮を生のうちにたき火に近づけてゆっくりと熱を加え、思う形に曲げる。そして大急ぎでコクワのつるを当てて形を整え、やや太めの糸でしばり、冷えると仕上がりである。

ヤラスのほかに、ヤラニマ（木の皮の器）、ヤラニヤトシ（木の皮のバケツ）、ヤラムイなど、大小さまざまな器を作って使うものであった。

さらに木の皮で作る舟もあり、これをヤラチプ（木の皮の舟）といい、材料はシケレペニ（キハダあるいはシコロ）という木の皮であった。

舟にするので太さは三〇センチから四〇センチ以上、長さは少なくとも四メートル以上必要で、立木のままでは皮を剝げないため木を伐り倒した。皮に傷がつくと穴があいてしまうので、伐り倒す場所に別の立木や風倒木などがあるかどうか、慎重に倒す場所を選んでから伐り倒した。

うまく倒したら、必要な木取り、いや皮取りをして、舟底とすべき部分を見る。皮の広さは木の直径の約三倍なので直径が三五センチの木であれば、皮の広さは一メートル五センチある。その皮を用いる場合は舟底の広さ四〇センチ、舟の深さが三〇センチ以上になり、長さが四メートルから五メートルあれば上等なヤラチプを作ることができる。

皮はサクラの皮と同じに熱を加えて曲げ、つるを当ててしばるとできあがり。軽くて乗りやすいが、舟乗りが上手な者でないと、軽くてころりとひっくり返ってしまう舟であった。

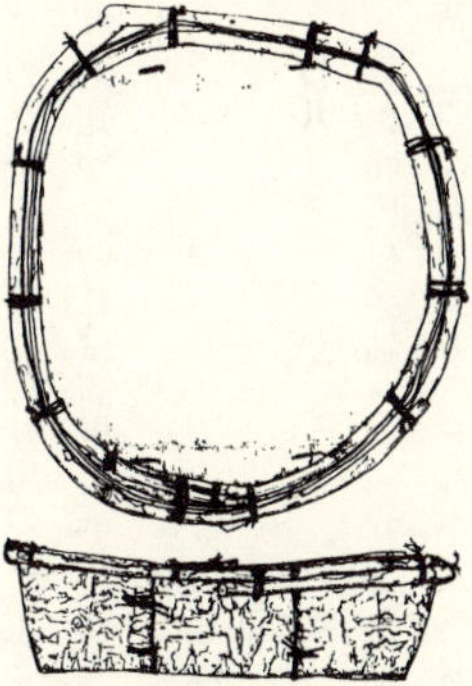

樹皮の器ヤラニマ

サクラの皮もキハダの皮もぐるりと横に鋸目を入れ、縦筋のほうは歯が丸い鋸やタシロ（アイヌの山刀）を当てて木の槌でたたく。鋸目のところまできたら、最初はタシロの先で口を開け、それから指先を入れると、おもしろいように剝ぐことができる。

木の皮の利用といえば、カツラの木の皮を山奥でのクチャチセ（狩り用の仮小屋）の屋根や囲いの材料として用いる。これは、剝ぐ時期さえ知っていれば簡単に手に入るものであり、坂本三太郎さんの狩り小屋はこれで作られていた。

ツルイチゴ

夏の間に母や姉といっしょに畑へ草取りに行くと、畑の畔にはエマウリ（ツルイチゴ）がたくさんあって、それを食べながら遊んだり、少しばかり草取りの手伝いをしたりした。このイチゴを一粒ずつ指先でつまんで採り、つるについたほうを見ると、色は赤いが内側は黄色で、そこに同じ色の小さいウジがついているので、それは食べなかった。大きな粒は大人の親指の先ほどもあるので、それをフキの葉に入れて母たちのところへ持って戻ると、草取り仕事をほったらかしにして遊んでいたことへのおしかりが少しだけ和らいだ。

沙流川右岸のわが家の畑は、ポロトイ（大きい畑）、ヌタプケシ（原っぱの下のほうの畑）、タイコトイ（大根畑）の三カ所を合わせて一町歩足らずであったが、ポロトイの畔にクワの木があった。

そのクワの実を夏の草取りのときによく食べたが、黒くて大人の小指の頭くらいの粒であったことを覚えている。その畑もクワの木もダムの底に沈められてしまった。

二風谷にクリの木が多いわけ

クリのいがのことをヤムス（ヤム＝クリ、ス＝鍋、すなわちクリが入っている鍋）という。

どこの村でも一人や二人手のつけられない乱暴者がいたものであったが、そのような者につけるあだ名にヤムスがあり、私の母の実家である門別村山門別（現在の日高町庫富）にもヤムスアチャポ（クリいがおじさん）という人がいた。

クリのことから話がそれるが、この種のあだ名といえば、ニッサッピサック（柄のない肥やし杓）というのもある。肥やし杓には長い柄があるが、その柄が抜けたら、なるほど手がつけられない。

もう一つは、ヌプリケスン　プリウエンクル、略してヌプリケシというのがある。

クマ神たちがアイヌの村へ客として来てから神の国へ帰り、アイヌの想像力のたくましさを語る。それを聞いた神の国の峰尻にくらすならず者であるヌプリケスン　プリウエンクル（ヌプリ＝山、ケシ＝おしまい、ウン＝住む、プリ＝素行、ウエン＝悪い、クル＝人、ここではクマ）とあだ名のあるクマが異論を唱えた。

アイヌがどれほど想像力がたくましくとも、壁があれば壁までしか見えないが、神である私は壁の向こう側まで見ることができるのだと。

それに対しほかの神々は、それほどいうならアイヌの村のあのアイヌを殺してこいといった。それを聞いて峰尻のならず者のクマがアイヌを殺しに行ったものの、逆に殺されてしまい、神々から笑い者にされた。そして、夢で知らされたアイヌは、偉い神々が乱暴者をそそのかすとは何ごとか、と神々をしかったという話である。

この話はウウェペケレ（昔話）でしばしば出てくるので、村うちでの持て余し者をヌプリケシという。

さて、クリの話に戻ると、クリを焼いて食べるときは必ず皮を歯でかんで穴を開けてから熱い木灰の中に入れる。そうしないと破裂してしまう。祖母てかってがそれを最初に教えてくれた。

少年時代に母方の実家のある村はクリの木がたくさんあったので、秋になると母の実家から叔母がクリを背負ってきてくれ、秋の味覚としてクリご飯をおいしく食べたものであった。クリを生のままで春までもたせるためには、袋に入れて土の中へ埋めた。これはアイヌたちがネズミから教えられた貯蔵の方法という。

昭和一〇年代から二〇年代の二風谷にはクリの木は本当に数えるくらいしかなく、二谷ニスㇰレㇰクㇽさんの家の裏に数本と、小学校の校庭に一本あったきりであった。その一本のクリの木のおかげで、今の二風谷にはたくさんのクリの木があるのである。

二風谷小学校に立つクリの木

それは昭和一七年秋のこと、早起き者のあるアイヌの少年が校庭のクリの木の下で少しばかりのクリを拾ったところ、それを見ていた小学校の先生にほうきの柄でいやというほどなぐられた。

なぐられた少年は、自分が悪かった、と家へ帰ってなぐられた話を一言もしゃべらなかったが、見ていた友だちが自分の家でその話をし、友だちの父親から少年の父親に伝わった。

父親は少年を連れて苫小牧の病院へ行き、診断書を書いてもらったが、それを聞いてあわてたのが少年をなぐった先生であった。少年の家へ二週間くらい毎日毎日通い続け、根負けした両親はいくらかの見舞金ですませてしまった。

しかし、少年にとっては忘れることのできない心の傷として残り、おしっこをもらすほどなぐられた原因は何であったのか、それは村にクリの木が少ないからだ、と考えた。そうだ、村中にクリの木があれば珍しいものではなくなるであろう、と若者になった少年は働いたお金でクリの苗木を買って、どこの家のクリをどこの家の子どもが拾ってもしからないでほしい、といいながら村うちに配った。それで土地の広い二風谷のあちこちにクリの木があるようになり、その実を誰が拾ってもしかられないことになっているのである。

なぐったほうの末裔も、なぐられたほうの少年も今は七〇歳近いおじさんで元気でいるので、不本意ではあるが名前を伏せてこの話を紹介したのである。

後ろ向きで蒔く種

アイヌが家の中で使う敷物にトマというガマ（蒲）で編んだござがある。この材料となるガマは近くの沼に自生しているもので、秋、九月の一五日前後に刈り取った。

それを天日で乾かし、必要なときに出してござを編むが、ガマが生えている沼が少なくてあまり刈る場所がない場合は、別の沼へガマの種を持っていき、そこに蒔くことがある。

そのときは種を手に持って沼に背を向け、自分の頭越しに後ろへ種を飛ばしながら、

オルケシサッペ　クネワ　クイキシリネナー（私は子どもも孫もいない者だからこうするんだよ）

と、まじない言葉をいう。なぜそんなことをするかというと、ガマは繁殖力の旺盛な草なので、沼で食うものがなくなると、種を蒔いた人の子孫まで食いつくすものと信じていたからである。

したがって、子孫まで食われるのを防ぐために、私は子も孫もいない独り者だよといいながら蒔けば、ガマは人間のほうをふり向かずに、沼のものだけを食って繁殖するからというのであった。

サケはアイヌの魚

サケのことを北海道ではふつうは秋味《あきあじ》というが、アイヌはカムイチェプ（神の魚）、またはシエペ（シ＝本当に、エ＝食べる、ペ＝もの、しゃべるときはシペという）と呼んだ。

北海道というとクマとアイヌが主役で、有名なのはイヨマンテ（クマ送り）で、あたかもクマの肉を主食にしていたように思われがちだ。しかし、私が物心ついて約七〇年、その間に村でクマが獲れたのは昭和一六年頃に二谷勇吉さんが一頭、そのあと昭和三五年に貝沢健二郎さんが二頭か三頭、私の弟貝沢留治が昭和四〇年頃に一頭獲っただけであった。

こうしてみると、一〇年に一頭にもならないほどなので、クマの肉はめったに口に入るものではなく、クマの肉のことをアイヌたちは、カムイハル（神の食べ物）というほどであった。

これに対しサケのほうはアイヌがシエペ（本当の食べ物、主食）という言い方で大切にした食べ物であり、本当に当てにしてくらしていたのである。

八月から一〇月いっぱいまでは、その日その日に食べる分、あるいは近所のお年寄りに分け与える分のみを獲ってくるようにしていた。それは、この時期のサケは脂が乗りすぎていて、たくさん必要な保存用には適していないからである。産卵を終えていないと脂が強すぎて開いて干してからも脂焼けして茶色に変色し、食べるときには口に粘りついて少しもおいしくない。

それに比べて、一一月になって産卵を終えたサケは身が白くなって脂気がないので乾燥させやすく、またこの時期はハエもいないのでウジがわく心配もない。尻尾は産卵床を掘ったために真っ白になってしまい、よたよたしているので獲るというより集めてくるという感じで、こうなったものこそ五年も一〇年も保存が利くというものだ。

アイヌたちが定住の場を決めたのは、サケの遡上が止まるところまでであり、主食として当てにしていたことがそのことからはっきりわかるはずだ。世界中でアイヌ民族だけが使っていたと思われるマレプ（回転銛）など、サケを獲る道具は約一五種類もあり、サケの食べ方は大ざっぱに数えて二〇種類。その中には生のまま食べる食べ方もあり、獲ってすぐでなければできない料理もある。

アイヌは自然の摂理にしたがって利息だけを食べて、その日その日の食べ物に不自由がないことを幸せとしていたのである。それなのに日本人が勝手に北海道へやってきて、手始めにアイヌ民族の主食を奪い、日本語がわからない、日本の文字も読めないアイヌに一方的にサケを獲ることを禁じてしまった。

これはアイヌ民族の生活をする権利を、生きる権利を、法律なるものでしばったわけで、サケを獲れば密漁だ、木を伐れば盗伐だ、と手枷足枷そのものであった。

話を古いほうへ戻すが、昭和六年か七年のこと、秋の日にわが家の建て付けの悪い板戸を開けて巡査が入ってきて、立ったまま、清太郎（アレㇰアイヌ）行くか、と父にいった。

父は板の間にひれ伏し、はい行きます、といったままで大粒の涙をポタッポタッと落と

大切な保存食料となる干したサケ

した。それを見た私は、あれっ、大人が泣いていると思ったが、次が大変であった。父は巡査に連れられ平取のほうへ歩き出し、私が泣きながら父のあとを追いかけると、私を連れ戻そうと大人たちが追ってくる。その大人たちの顔に私と同じに涙が流れていたのを、つい昨日のように思い出すことができる。

毎晩こっそり獲ってきて子どもたちに口止めしながら食べさせていたサケは、日本人が作った法律によって、獲ってはならない魚になっていたというわけであった。

父が連れていかれたあとで、祖母てかっては、「シサムカラペへ チエプネワへ クポホポンノ ウクワエッヒネ カムイドラノ ポホウタラ エパロイキヒ アコパクハウェシサムウタラ ポロンノウッヒ アナッネ ソモアコイパッハウェー」と嘆きの言葉をもらしながら泣いていた。

この意味は、「和人（日本人）が作ったものがサケであるまいに、私の息子が少し獲ってきて、神々と子どもたちに食べさせたことで罰を受け、和人がたくさん獲ったことは罰せられないのかい」ということである。

私はこれまでパスポートを必要とする旅を二四回していて、行った先ではなるべくその国の先住民と称せられる人びとと交流をしてきたが、侵略によって主食を奪われた民族は聞いたことがない。

現在のサケとアイヌの関わりがどうなっているかを述べよう。北海道全土の漁協が獲っているサケの数は数千万匹という。その中でアイヌ民族が書類を出して獲らせてもらえる数といえば、登別アイヌが伝統的漁法であるラウォマプ（やな）で五匹獲れるのと、今一カ所は札幌アイヌがアシリチェプノミ（新しいサケを迎える祭り）のために獲れるのが数年前まで二〇匹であった。

この本をお読みになる日本人の読者の方々よ。あなたが悪いのではないが、あなたたちの先祖が犯した過ちが今もなお踏襲されているのはまぎれもない事実なのであり、それを正すも正さないもあなたたちの手にゆだねられていることを知ってほしい、と私は思っている。

もし、よその国から言葉も風習もまったく違う人たちがどさっと日本へ渡ってきて、おまえたち、今日から米を食うな、米食ったら逮捕するぞ、という法律を押しつけたらどうであろうか。これと同じことをアイヌに対して日本人はしたのである。

こう私はいい続け、書き続けているが、私が語り続けてきたことにまったく反応がないのはなぜだろうか。

私は、アイヌ民族の食文化継承のために必要なサケはどうぞご自由に、といってほしいだけで、そうむずかしい注文をしているわけではないはずだ。

私が生まれ育ったシシリムカペッ（沙流川の河口から四キロほどのところ）に、頑丈なやながが設置され、一匹のサケも遡上できなくなり、キツネやカラス、シマフクロウ、クマなど上流で腹を空かせて待っているものたちがいることだろう。こうした動物たち、そしてアイヌに、有史以来食べる権利を持っていたものたちのために、やなを三日に一度でいいから開けられないものだろうか。

川は誰のものなのか、漁業組合なるものの占有物ではないはず。その流域でくらしている生きとし生きるものたちの共有財産であったものを、一部の人たちの思いのままにしていいのだろうか。

サケのアイヌ風食べ方

このようなことを知ってほしいので書いてきたが、この章のおしまいにサケの各部分の食べ方をいくつかと、オキクルミカムイ（アイヌに生活文化を教えた神）がサケ獲りに行った話を書くことにしよう。

サケの氷頭（カカウエ）二匹分に白子（ウプあるいはウピヒ）一匹分を混ぜて細かく刻み、ネギ少々に塩で味をつけたものをチタタプといい、サケ料理の中でおいしいものの三本の指に入るものだと思う。しかし何しろ新鮮であることが条件なので、秋だけしか食べられない。

メフンは背骨の内側についている腎臓で、これは塩辛にして食べるが、見た目が血の塊のようなので好き嫌いはある。クㇽキ（あるいはクㇽキヒ）は鰓《えら》ぶたの内側にある肺の役目をするところだろうか。これはおいしくなくて、大方はイヌの餌にするものであった。

背骨（モトチヒ）の食べ方では思い出がある。三枚におろした身をぶつ切りにして汁に入れて煮るとき、祖母てかってが身の部分を歯でしごいて食べ、櫛の歯のように残った背骨をこんがり焼いて私に食べさせた。そのせいか、この年で虫歯なしである。

筋子（チポロ）は塩漬けにして食べるが、川へ遡上し始めたサケの筋子は粒が大きくなっておいしい。産卵直前のものはマロッケチポロといって、塩をしておいて食べる。マロ

サケの身おろしをする筆者の夫人れい子さん

サケ料理チタタㇷ゚を作る筆者

ッケチポロを入れて煮たお粥をチポロサヨといい、これもサケ料理としてはおいしいほうに数えることができる。

浮き袋（ピソイェヘ＝ピソイ）にマロッケチポロを入れて乾かすが、これをサッチポロ（干し筋子）といい、一粒ずつ食べないと歯に粘りついて口が開かなくなる。キツネが人間に化けてきたとき、これを食べさせると正体を現すという民話もある。

サケの身（ミミヒ）は串に刺して塩をふりかけ、焼いて食べるのがおいしいものである。一人に一串ずつ焼いてもらい、熱いうちに串を抜くと身がつかないが、串のまま冷めると串に身がついてしまう。

身は汁にもするし、塩をしておいて食べる。まさに主食として十分役に立っていたサケであるが、汁に入れてあるチェプサンペ（魚の心臓）が自分のお椀に入っていると、いいことがあると喜んだものであった。チェプサンペは半分は白くあと半分は肉色をしていて、食べるとこりっとしておいしい。

背びれ、尾びれ、腹びれ、胸びれを総称してチェプモプラプという。病気が流行ったと聞くと、これら人間が食べない部分をわずかな穀物といっしょに窓から外へまき散らした。これらの供物をあげるので、この村へ寄らずに遠くへ行ってほしい、と病気の神にお願いするときに必要なので、少しずつ乾かしてとっておくことになっていた。

魚の皮（チェㇷ゚カㇷ゚）は産卵の終わったサケの皮のほうが厚くて丈夫なので、それを剥いで乾かし、チェㇷ゚ケㇾ（魚の皮の靴）を作って履き物とした。

モッは鰓ぶたの内側にある大人の親指ほどの肉の塊のことで、これとオキクㇽミカムイに関わる昔話がある。

ある秋の日、オキクㇽミカムイがサケ獲りに行き、大きなサケを一本そのまま串に刺して焼いて食べたが、モッラㇷ゚（モッのこと）を食べ残してしまった。

オキクㇽミは、神である私が食べ残すとはもったいないと思い、残った肉を手の中でぐるぐるっと丸めて、フッと息を吹きかけると、それが一羽のフミルイチカㇷ゚（エゾライチョウ）になって飛んでいった。

それで、フミルイチカㇷ゚（「音の高い鳥」の意味、フミ＝音、ルイ＝強い・高い、チカㇷ゚＝鳥）の肉はサケの鰓肉とまったく同じ味がするのだ、と。

山を歩いていると足下から飛び立つエゾライチョウは、本当に大きな音を出す鳥で、その肉はオキクㇽミの話のようにサケの鰓肉の味がするのである。

第二章 神々とともに生きて

アイヌの多彩な神々

その昔、アイヌの村にはお寺も神社もなかったが、カムイウタラ（神々）の種類はかなり多いもので、それは自然の山であり川や海であり、自然そのものを神と崇めていたのである。

アイヌ民族の側から見る山川草木は食料を蓄えてある倉庫そのものであり、魚を必要としたら小さい網を持って川へ走り、肉を食べたくなったら弓矢を手に山へ走った。すると、川の神さまは魚を供給してくれるし、山の神さまは肉を持たせてくれたし、海の神さまはこれまた海藻でも魚でもくれたし、アイヌがひもじい思いをしないほどに用意されてあった。

自然そのものにアイヌは命の根幹をにぎられ、そしてゆだねていたのであり、必要最小限のみを採取し、大方は天然資源に手をつけずに利息のみを食べるように心がけてくらしていた。

そこで、アイヌが身近な神と考えていた自然、それらの神々の役割めいたものについて見てみることにしたい。

まず、シ_リコロカムイ（大地を司る神）。アイヌが考える大地を司る神とは樹木を指し、それは樹木が大地に広く根を張り、土砂の流出をくい止め、樹木の下ではクマやシカ、リスなど大小さまざまな動物を養っているからである。別の言い方ではシランパカムイ（シ_リ＝大地、アンパ＝支える・手に持つ、カムイ＝神）といい、大地を両方の手で支え持っている神ということだが、樹木の神はまさにその言葉のとおりに大地を支えているといえるであろう。

さまざまな樹木はそれぞれ役割を持っており、アイヌのために大いに役立つ木には最高の敬称をつけて呼び、あまり役に立たない木に対してはヤヤンニ（ふつうの木）というい い方をする。

次はアペフチカムイ（火のばあさん神）。これにはチランケピト（天から降ろされた神）、イレスフチ（人を育てる神）、モシ_リコロフチ（国土を持つ神）などの別称がある。お祈りの種類によって身近な言い方やもっとていねいにいう場合があり、パケドナシカムイ（口の速い神）などというのもある。

いうまでもなく、暖をとり、煮炊きをするのに欠かせない神だが、大事に扱うことを忘れると、家も含め家財道具をあっという間に灰にしてしまう神である。

諸々の神にアイヌたちがお願いのお祈りをする場合も、イレスカムイ　オソンココテ（火の神が、この杯に言葉を添えて）といい、他の神への仲介を火の神にお願いする。

パケドナシカムイ（口の速い神・告げ口をする神）とはどういう意味かというと、炉端で明日はどこそこの沢へ狩りに行くなどと相談をすると、火の神はその沢にいるシカとかクマに明日アイヌたちが来るぞ、と告げる。それを聞いたシカたちは別の沢へ移動してしまうものだ、したがっていらぬことは火の神の側でいってはいけないとされていた。

狩りに行く場所は一人一人の秘密の場、それを人に聞こえるよう、神に聞こえるようにいうものではないということを教えていたわけである。

火があり、水があり、樹木が生い茂っていれば生活することができるので、アイヌはこれらの神を大切にしていた。ワッカウシカムイ（水の神）もその一つである。

水の神へ何かお願いのお祈りをする場合も、直接水の神へもの申すのではなく、

「ワッカウシカムイ　イタカナッカ　チューラッペマッ　カムイカクケマク　コドキアニクキルスイナ　アミタンネクル　カムイエカシ　タパンドキ　コドキライェ　チューラッペマッ　カムイカッケマッ　エウンネシ　ソンコアニワ　ウンコレヤン（水の神　と申しましても　瀬を司る　神の淑女へ　この杯を贈りたい　と私は思う　川ガニの神　神の翁に　この杯を渡すので　この杯を　瀬を司る　神の淑女に　私の伝言を　お取り次ぎ願いたい）」

というような言い方をする。位の高い水の神へは、その一歩手前の川ガニの神を仲介にしてものをいったものであった。

この祈り言葉を教えてくれたのは、私の父アレㇰアイヌで、ある秋の夜、サケ獲りに川へ行って網を仕掛け、待っている間に教えてくれたのである。不思議なことにアイヌ語だけは一回聞いただけで覚えることができた。

ここで、もう一つ父が教えてくれたパセオンカミ（位の高い神への祈り言葉）についていうと、二風谷村のアイヌの中でも、二つの血統があって、父の血統のほうのパセオンカミは、

「ポロシリセコロ　イタカナッカ　ルペㇱシド　ペンタプカシ　アオランケカムイ　クランケマッ　カムイカッケマッ（幌尻岳　と申しましても　道たどる峰　東の肩に降臨された神弓おろしの女神　神の淑女……）」

と続けて、それにお願いの言葉をつけ加える。

パセオンカミはいつでもしていいものではないが、ポロサケ（大量の酒）があるとき、たとえば婚礼、新築祝い、クマ送りなどのときにはしていいことになっていた。

ここに記した樹木の神、火の神、水の神の三柱の神のほかに、自然現象をも神として扱うが、月とか太陽、雨や風などに対しては、酒をあげるなどの祭りごとは私たちの村では

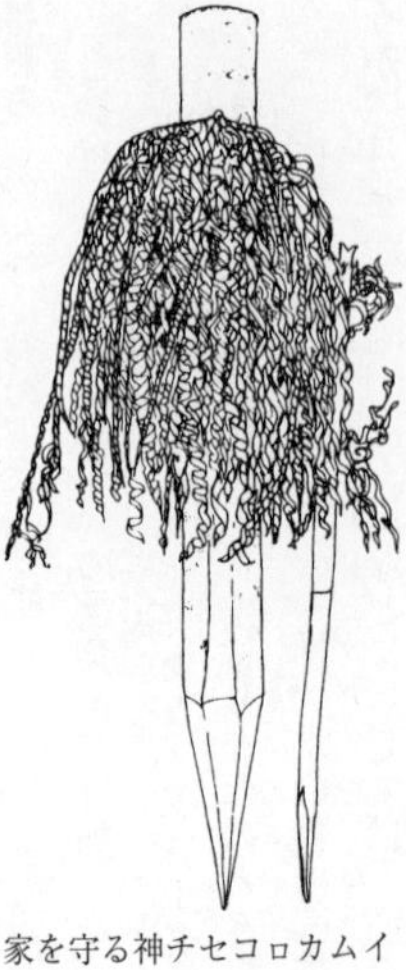
家を守る神チセコロカムイ

遠慮することになっている。最初から自分たちの力の及ばない神としていたのであろう。

そのほかの神々は特別な存在ではなく、アイヌの目の高さにいて、アイヌの役に立つから神として祀り、イナウをあげ酒を献上した。アイヌから神への通信手段は酒でありイナウであったが、神のほうからアイヌへ知らせる方法は夢であったので、アイヌたちは夢で吉凶を判断し自分たちの行動を規制するようにした。

アイヌエプンキネカムイ（人を守る神）、チセコロカムイ（家を守る神）などは、アイヌ自身が火の神から魂をもらい受けて作るが、役に立ったと思えばいつまでもおいておく。一方、役に立たなかったと思ったらすぐにイワクテといって、神の国へ送り返してしまう。神を作るのも解任するのもアイヌたちの意のままで、これがアイヌの神との関わり方であった。

昭和三〇年代まではアイヌ社会では何のためらいもなく、心の内で神の存在を信じて祭り、礼拝をし、酒をあげイナウを献上していたものであった。しかしその後は、シサムプリ（和人の風習）が重きをなし、いい意味でのアイヌプリ（アイヌの風習）も薄められ、アイヌ語時代を過ごしてきた私にとって一抹のさびしさがないといったらうそになる。

便所の神とお産

今のアイヌの家は大方は水洗便所になってしまい、ルコロカムイ（便所の神）という言い方をしてもわからなくなってしまった。

昭和の初めには、「ルコロカムイ　アナッネ　イヨッタ　ラムドナシ　カムイネワ　アコアスラニプネ（便所の神は　最も　早く　行動をしてくれる　神なので　緊急の場合は助けを求めるものだ）」とアイヌたちはいっていた。

右は便所の神にあげるチェホロカケプ。左は普通のイナウ

緊急とはどのような場合をいうかというと、子どもが引きつけを起こし今にも死にそうになったときとか、お産が重く産婦が二度三度と引きつけを起こして息が止まりそうになったときをいう。

そのような時に女性が外の便所の側へ行って左手に杖を持ち、右手はにぎったままでひとこというごとに、自分の胸へ腕をぶつけるように屈伸させ、ホマㇻペウタンケ（かすかな声で危急を知らせる叫び声）を上げる。

ペウタンケとは主として女性たちが出す「ウォーイ、ウォーイ」という声であるが、その昔、平取町ペナコリというところの火事に際して上げたペウタンケが、荷負《におい》本村まで聞こえたというほど遠くまで聞こえるものである。

ホマㇻはかすかなという意味で、村中に知らせるのではなく便所の神に聞こえればいいので、低くかすかな声である。

お産を司る神はこれまた便所の神で、お産の予定日が近くなると、近所のおじさんに頼んで妊婦を便所の側へ連れて行き、無事に出産できるようにお祓いをしてもらう。

このときに便所の神にあげるチェホロカケㇷ゚というイナウは、上端を平らに削るものだ、と父に教えられた。ふつうのチェホロカケㇷ゚は、頭になる部分に四カ所刃物を入れて自分のひざに当ててぽっきりと折って作るので、その部分だけが違う。チェホロカケㇷ゚で頭が平らなのはこのイナウだけである。

お産を見守るのはもう一つ別の神で、ウサルンカムイ（下座のほうの神、ウサㇻ＝火尻、ウン＝の、カムイ＝神）といい、火尻にいる神の意味で、本当の火の神より一段位の低い神であった。

下座入口から見たウサルンカムイの火

この神は、お産が始まったら下座のほうにもう一カ所火を焚いてお産を守り、お産が終わるまでその火を燃やしていたのを、母のお産のときに見たことがある。

これらは囲炉裏のある時代のことで、知っていたり見た記憶のある人は少なくなってしまったかもしれない。

二つの水よ目を覚ませ

現在は水道のついていないアイヌの家はないと思うが、昭和の初めはうちの村で水道のある家は一軒もなく、家の近くにある湧き水またはつるべ井戸から水をくんでいた。わが家は、すぐ近くのポンオサッという小沢の脇に埋めてある、太さも深さも一メートルほどの木の洞の底から湧いている水をくんできて、煮炊きに使っていた。

日中はいいとしても、急にお客が来るなどで夜に水桶が空になると、火の用心のためにもよくないので水くみに行くことになる。

その様子を見ている祖母はいう。夜は水の神も眠っているので、神さまの目を覚ましてから水をくむように。そのやり方は、水面をひしゃくでなでて水音を立ててから、「ドワッカモーシモシ、ドワッカモーシモシ」といいなさい。

この意味は、二つの水よ目を覚ませ、二つの水よ目を覚ませ、ということだ。水の神も昼は働き、夜は眠っているので目を覚ましてもらってから水をくまないと、悪い化け物が水に毒を入れるかもしれない。

そう教えられたので、夜の水くみは始終あったわけではなかったが、暗くなってからは必ず、「ドワッカモーシモシ、ドワッカモーシモシ」といいながら水くみをしたもので、私の弟たちもこのまじない言葉を知っている。

今思うと、アイヌの考え方の中では、流れる水にも命を認め、昼は起きて夜は寝ると信じていて、自然と一体となってくらす心が伝わってくる。

もう一つ、水の神の話をしよう。私の家があったのは村の中ほど二風谷神社の近くで、村の中に二軒ある雑貨店へ行くのには、どちらも水量の少ない沢にかかる橋を渡らねばならなかった。

夜になってお使いに行かされると、これも祖母に教えられたことだが、手探りで小さい石粒を二個か三個拾い上げる。それを橋の上から上流のほうへポチャンポチャンと投げ、「ワッカウシカムイ　エネプンキネ　アニー（水の神さま、私を守ってよね）」といいながら渡る。そうすると、水の神が目を覚まして守ってくれるので、怖いことはないといわれたものであった。

兵隊に行った兄と小石

実兄貝沢勝美は昭和一四年六月、陸軍旭川第七師団に入営することになった。兄が家を出発する日の朝早く、父はいつも水をくむあの湧き水のところへ行ったので、私もいっしょについていった。

父は小指の頭ほどの石を二個拾い上げてから、水の神へのお願いの言葉をいった。

「水の神さま、あなたが今まで育てて下さった長男勝美が遠いところへ兵隊として行かされることになったが、この石は水の神であるあなたの分身として、息子に持たせる。遠いところでまちがって濁り水を飲んだときでも、あなたの力で濁りを静め、無事に役目を終えて村へ帰ってこられるように守ってほしい。息子が無事に帰ってきたときには忘れずに、この小石にイナウと酒を添えてお礼に来る」と、ていねいに礼拝を重ね、家へ持ってきてから、あらためて火の神へお願いのお祈りをした。

その石粒を、母は小さい袋に入れて入隊する兄に持たせた。兄は中国のほうへ行かされ苦労が多かったと聞いているが、濁り水を飲むときには小石を飯ごうに入れるなどしたという。

昭和一六年の春、兄が無事に帰ってきたとき、父はあの小石にイナウとお神酒を添え、ポンサッの水くみ場へ戻しに行ったことはいうまでもない。

イナウの材料と心の約束

イナウという言葉は本書の中でもいっぱい出てくるが、イナウそのものは神ではなく、神さまを作るときには神の衣に、あるいは槍の千段巻きに、時には刀の鍔にも用いられる。

イナウは神さまがアイヌからもらう最もうれしい贈り物で、もらったイナウを仲間うちの神々に少しずつ分けてあげるといわれ、イナウをもらった神はその力が倍にも三倍にもなって、アイヌの役に立つと信じられている。

イナウを作る材料はヤナギやミズキの木で、神の国へ行くとヤナギのイナウは白金に、ミズキのイナウは黄金になるといわれていて、これはイナウを削ったときの色を見てそういわれるようになったのであろう。

その昔、あるアイヌがクマ狩りに出かけ、山へ入るとすぐに立ち姿の美しいミズキを見て考えた。何と美しい立ち姿の木だ。もし今日クマを獲ることができたら、この木でイナウを削りクマ神にあげたいものだ。そして、ミズキの神よ、約束するから、クマを獲らせてくれ、と心のうちで念じて山へ入った。

すると思いがけなく、今までまったく見たことのないような大きなクマを獲ることができた。そこでアイヌは考えた。きっと今朝見たあのイナウネニ（イナウを削るミズキの神）が、私の考えをおくみとり下さり、このクマを授けてくれたにちがいない。よし、口には出さない心のうちの約束とはいいながら、このままではあいすまないとばかり、三里（一二キロ）の山坂を戻っていき、今朝見たウドカンニ（ミズキ）を伐り、きれいなイナウを削ってクマ神にささげたという。

この話は、昭和三〇年代に平取本町の平村満次郎さんが聞かせて下さったが、あまりにも清らかな自然児アイヌと、イナウ材、クマ神との組み合わせが好もしくて書いてみた。これは満次郎さん本人の体験だったのかもしれないが、このようにアイヌは口に出していった約束ばかりでなく、一人で心のうちで思った約束をも守り、必ず実行する民族であったものだし、これから先もそうでありたい。

女性が作るメノコイナウ

イナウを昔のままに削れるのはうちの二風谷でも、貝沢貢男、川奈野武敏、藤谷憲幸、貝沢耕一、萱野茂などで、誰でも作れるというものではなく、神々にあげて喜んでもらえるいい心と経験が必要である。

ここで、女性が作るイナウの話を一つつけ加えることにしよう。

女が作るイナウ、それはメノコイナウといって、白糸と黒糸をより合わせて一本の糸にし、昔であれば五銭銅貨か一〇銭銅貨を白黒まだらの糸に通して作るものである。

これは、体の弱い女性に対して年上のおばあさんが作ってあげるもので、それを首から下げているのを見かけたものであるが、今はまったく見ることがない。

メノコイナウを渡すときにいう言葉は、

「糸、このものは女の命である。その糸の垢のつかない清らかな糸を白黒合わせてより、それにお金という宝を下げ、このイナウは、目に見えるあなたにあげる気持ちは毛頭ない。第一番にあなたのドレンカムイ（憑き神）にあげる。どうぞ憑き神よ、このイナウをお受けくださり、一日も早くこの女性を丈夫にしてほしい」

そういいながら渡すと、受け取った人は、本当にありがとうございました、といって受け取り、首からお守りとして下げるのである。これが女の作るイナウであった。

ヨモギの杖

小学校一年くらいの頃、隣に一四歳か一五歳くらいの松子という病身のお姉さんがいて、山遊びや小沢で遊ぶときなど、年下の子どもを連れて先頭に立って遊んで歩いていた。

私の生家から北へ三〇〇メートルほど行ったところに古い墓地があり、朽ち果てた墓標が五本か六本残っていて、歩くときもなるべくそこへ近づかないようにしていた。

しかし、オサッ沢へ行く近道なので、しばしばそこを通り抜けねばならない。そのときに松子姉さんは、必ずヨモギの杖を一本ずつ持たせてくれて、できるだけ腰を曲げて歩くようにという。

そういわれた私たちは腰を曲げて、おばあさんやおじいさんたちが歩くまねをして、ゆ

銅貨を使った
メノコイナウ

っくりゆっくり通り抜けた。化け物は子どもに対して手を出すが、老人であれば物知りなのでどんな死霊も手を出さないというのであった。

ヨモギという草はアイヌの国土で一番最初に生えた草なので、アイヌが神を作る場合には、この草を槍や刀にして神に持たせ、それで突かれたり斬られたりすると、どんな魔物も生き返ることができないと信じられていたのである。

ヨモギは秋になると枯れるけれども、茎だけは割らないうちの割り箸よりも丈夫なくらい堅く、しっかり立っている。アイヌは自分の手でいろいろな神を作るが、そのうちで最も強い神として考えているのは、ノヤイモシあるいはノヤウタサプという、ヨモギを束ねて作る神であった。

ふつうの神は心臓が一つだけあり、それは火の神からもらい受けた消し炭だが、ノヤイモシは、水の神からもらった小指の先ほどの小石の心臓である。しかも、本当の心臓のほかに、両方の手首と両方の足首にも心臓を入れてあった、五つの心臓を持つ強い神である。そして、この神は、パセイニスッ（病気が流行し、村が危機に瀕するとき）にしか作ってはならないとされていた。

ちなみに、オキクルミカムイが神の国へ帰るときに、沙流川アイヌを守るためにアペップドゥ（平取町の対岸の丘）にこの神を作っておいて帰ったという伝説がある。それで、この川には病気の神が立ち寄れないことになっているそうだ。

もう一つヨモギの話をしよう。松子姉さんにヨモギの杖を一本ずつ持たされて、草原を歩くとき、草をかきわけながら、「サーメサーメサーメヨ　サーメサーメサーメヨ　サーメサーメサーメヨ」といって通り抜ける。声をそろえて歌いながらというか、唱えながらというか、なんとなく節をつけていたものだが、子ども心にヘビはサメが嫌いだからその名をいって歩けば、ヘビが逃げるのかなあ、と漠然と考えていた。しかし、まじない言葉にアイヌ語の意味はない。

ノヤイモシ（ヨモギの神）

続けてヨモギの話をすると、山蚕のことをアイヌ語でエンピッキといい、アイヌたちが最も嫌う虫の一つで、この虫を見たら何かよくないことが起きる前兆と考えていた。

見たくないのに見てしまったら、どうするかというと、まずはたたき殺して、リヤノヤという枯れたヨモギで作った串で刺しておくことにする。とくに三年越しの枯れヨモギで作って刺すと、絶対に蘇生できないと信じられていた。

見た宝

アイヌ社会で宝物といえば、自分の手に持っているものばかりでなく、珍しいものを見たり聞いたりした場合もそのことを宝とした。宝物を心のどこかにしまい込む、これをインカライコシンニヌプ（見た宝）という。

たとえば、山でクマが交尾をしているのを見た場合、あるいはヘビの交尾を見た場合、これは一生に一度見ることができるかできないかというほど珍しいので、そのことを絶対に他人にいわなければ、きっといい運が向いてくるとして大切にする。

昔のアイヌたちは、たいてい何かを、見た宝として、大切に心のどこかにしまい込んでいたらしい。そうありたい、見たいと常日頃思っていた願いが幻覚として現れる場合でも、本人がそれを見たと信じていれば、本人の宝物になったわけであった。

見た宝と反対に、イヌイコシンニヌプ（聞いた宝）というものもあった。たとえば、鳥が人間の言葉を話したとか、別の動植物がこういったとか、この世にありえない話を聞けたというときである。これも絶対に他人にしゃべらないことが条件で、それぞれが心の宝として持っていた。

祖母てかってから聞いた話であるけれど、祖母の母こえさむれのチコシンニヌプ（秘宝）はカッコッセッ（カッコウの巣）であったとか。

カッコウは自分で巣を作らない鳥で、他種の鳥の巣に自分の卵を産み落として、親鳥にヒナを育てさせる習性がある。その習性を知ってか知らずか、カッコウのヒナがいたらその巣だと思って、大変な宝としたのかもしれない。

あるいは絶対にあるはずのないものなのに、それかもしれないと信じて別の鳥の巣を秘宝としたのかもしれない。カッコウは農業を司る神とされていたので、祖母も、そのおかげでヒエやアワをたくさん収穫できる血統だ、と自分でいっていた。

化け物を見ても宝？

このたぐいの話をもう少し続けよう。

精神のいい人には、神が宝物を授けてくださるので、それが山を歩いているときであったり、川のそばを歩いているときであったり、あるいは路傍に落ちている場合もあった。それも、二人で歩いているとき、一人がはっきり見ているのに、もう一人にはまったく見えないこともある。

見たものが宝物ではなく、化け物という場合もあった。

ある日、貝沢こきんさんと貝沢勘太郎さんという義姉弟が二人で二風谷村カンカン沼のほとりを歩いていると、沼の中ほどの水が急に盛り上がり、子ウシくらいの頭をした得体の知れない生き物が現れた。それは勘太郎さんの目には見えたが、いっしょに歩いていたこきんさんの目には見えなかった。

ずっと後になってから、こきんさんは、勘太郎はあんな化け物を見たので早死にしたのであろう、といっていたのを私は聞いたことがある。二人のうちの一人には見えなかったという実話である。

またあるとき、一人のアイヌが二風谷村から隣村のペナコリへ向かって歩いていき、今はチャシコツと呼んでいる場所の近くに行くと、ずうっと前方の道路の真ん中に何やらぴかぴか光るものが見えた。

月もないのに、真っ暗闇の中で金色に光るもの、その正体は何であろうとおそるおそる近寄ってみると、それはエンピッキというアイヌが一番恐ろしがる山蚕であった。それも長さが二〇センチくらい、太さも五センチはあるかと思われるほど大きなものであった。

それを見た人は本当に驚いて村へ逃げ帰ったが、その話を聞いた村人は、それは蚕虫の王さまであったはず、人にはいわずにインカㇻイコシンニヌㇷ゚(見た宝)にすべきであった、と残念がった。しかし、見た本人にすれば、この世の化け物の王を見たような気がして、人びとにしゃべりまくったので、宝物としての効力は消えてしまったわけだ。

したがって、不思議なものを見たときも、化け物としてお祓いをするか、目で見た宝として秘宝にするかは、本人が日常からしばしば老人たちの話を聞き、常日頃の勉強を怠らないようにしないと正しい判断ができないのである。

神のささやき

私は昭和一六年から一九年まで平取村長知内《おさちない》で炭焼き仕事をしており、父といっしょに毎日、炭焼き窯に入れる木を伐りに山へ行っていた。

ある冬の朝、いつものように山へ木を伐りに行くと、昨日使って片づけておいた鋸とかまさかりなど木こりが使う道具が散らばっている。よく見ると、それはキツネのしわざであった。雪の上に足跡が点々と残っているばかりでなく、鋸の柄やまさかりの柄に細い細い歯の痕までがくっきりとついていた。

それを見た父は、ものもいわずに辺りから枯れ枝を集めて火をたき、火が赤い炎をあげて燃え始めると、火のそばへどっかとあぐらを組んで座り、オンカミを始めた。

オンカミというのはアイヌ民族特有の礼拝で、ひじを両脇に軽くつけ、両方の腕を前へ出し、手の平を上へ向けてゆっくりと上下させながらアイヌ語でお祈りするものである。

「アイヌネヤッカ　カムイネヤッカ　ウレシパネマヌプ　エペカクス　カムイイォロソイウォロソカシ　コエチャッチャリ　クキシリ　オリパッラム　コヨイラプ　ソモネコロ

「カ　キキリコインネプ　クネワクイキシリネナ　イテキイルシカワ　エンコレヤン（アイヌである私は　子どもを育てるため　お金というものをほしいがために　こうして静かな山懐深く入り込んで立木を伐り　山に住んでおられる　諸々の神々のお住まいや庭を荒らしている　ことは　本当に心苦しいこと　けれども神も人間も同じことは　子どもを育てるということ　私には大勢の子どもがいる　その子どもたちに食べ物を食べさせ　ひもじい思いをさせないためには　静かな山へ来て働かなくてはなりません　神々　そのことをお考え下さって　どうぞアイヌの行為をお許し下さい）」

父は、今そこに焚いたばかりの火に宿っている火の神に向かってオンカミをした。神がこのようにアイヌの道具を散らかしたのは、何か変わりごとのある前兆をこっそり知らせてくれたのであろう。

今日は仕事を休み静かにしていますので、どうぞ私どもをお守り下さい、といいながら散らばっている道具を集め、それを背負ってさっさと家、といっても炭焼き小屋であるが、そこへ帰ったものであった。

その日の夜であったか、すぐ近くの小川泰三さんという人の炭焼き窯の屋根に火がついて火事になり、窯が落ちてしまった。父は口には出さなくとも、やっぱりという顔をしていた。

アイヌは山においた道具ばかりでなく、狩りのための仮小屋がキツネに荒らされたときなどは、神が、危険なことがあるぞ、とそっと耳打ちをしてくれているので注意すべしと戒め合っていた。これをカムイイピリマ（神のささやき）という。

二風谷でカムイイピリマが聞こえる方角

もう一つ話をすると、ある秋のこと、川向こうの畑へ豆刈りか何かの仕事のため、渡船場へ行くと、渡し守の貝沢金次郎さんがいうには、ゆうべ夜いっぱいペウレプウッカ（子グマの瀬）のところからキツネの声が聞こえた。

母たちに、それはカムイイピリマだから、何か心配なできごとがあるかもしれない、夕方暗くならないうちに帰ってきなさい、といわれ、早く帰ってきます、と返事をした。

一日働いてあまり遅くならないうちに帰ってきたが、夜になって村の上のほうから、ペウタンケハウ（危急を知らせる女性の細い叫び声）が聞こえ、村人たちは声のほうへ走った。

それはカンカンプド（カンカン沢の沢口）からで、川を馬車で渡ろうとしたところ、川の中で馬車がひっくり返り、乗っていたのぶという娘と、保という子どもは川岸へたどり着いたが、ウマは死んでしまったのであった。

そのとき馬車に乗っていたうちの一人、貝沢保さんは今も元気でいるが、あのときの渡し守金次郎おじさんの注意と事故が重なったことで、忘れられないできごとの一つである。

これは、昭和一三年頃の話で、金次郎おじさんは昭和の初め頃に北海道庁の測量人夫として道内をあちらこちら渡り歩き、そのときの日記が家族の手元に残されている。

その日記の中には、駒ヶ岳の噴火の様子が詳しく書かれてあり、二風谷にいるときのことでは、いつどこで誰が死んだなどが記されていて、当時の二風谷を知るうえで貴重な資料となっている。

ひとことつけ加えると、二風谷村でカムイイピリマが聞こえてくる方角は三カ所あった。一つ目は沙流川右岸のウカエロシキ（クマの姿岩）の上の台地でペウレプウッカという。二つ目はカンカンレレケへ（カンカン沢の向かい側、われら拝むところ）でオポウシナイ沢とタイケシ沢の間の台地であった。残念ながらこれはダムの底へ沈んでしまった。三つ目は沙流川左岸、二風谷村の東側、オサッ沢とオケネウシ沢の間の細い峰の上である。

この三つの方角のどちらからかキツネの声が聞こえてくると、カムイイピリマとして、火の用心などに注意し合った。聞いた人は、昨夜の何時頃にどこそこから聞こえた、とみんなに教えてくれたものであった。

現在はアイヌの家も昔とちがってブロック作りとなってしまい、カムイイピリマも聞こえなくなってしまった。

キキンニの根を掘る

私の生まれ育ったところは、二風谷小学校のすぐ東側、ポンオサッ沢とオサッ沢の間で、すぐ隣に貝沢かどなしさんというおばさんの家があった。

そのかどなしさんの家の東側にかなり太い立木があって、子どものときなのではっきりしないが、目の高さで五〇センチくらいの太さがあったかもしれない。木の種類はキキンニ（エゾノウワミズザクラ）で、夏の終わり頃になると黒い実が生るので、その実を採って食べたりしていたが、この一本の木が村うちで問題になった。

昭和一〇年頃の二風谷村は結核患者が多く、ずいぶん人が死んだので、ドス（呪術、占い）によって託宣を出してもらった。その託宣によると、このキキンニという木が村の真ん中にでんと立っていて、村の家々に悪さをするので病人が次々と出る。だから、この木をすぐに根元から掘って捨てなければ村が全滅するというのであった。

そこで、二風谷村の家々から一人ずつ人が出て、この木を根こそぎという言葉どおり、細い根一本も残らないように掘り、近くのオサッ沢の崖下へ転がし落とした。そのあとで酒を買ってきてお祓いをしていたのを、隣のことゆえ私は一部始終見ていた。

今にしてみればばかげたことかもしれないが、当時の村人は真面目に一日を費やしたのである。村人にとっては、この木一本をなくすことによって病人が出ないならば、と溺れるものはわらをもつかむということで、託宣にしたがったのであろう。掘ったキキンニは太い木であったので、しばらくの間は崖下に見えていたものであった。

耳病みとオオジシギ

小学校の頃に川へ入って泳ぎ、耳に水が入って何回か耳の病気で苦しい思いをしたことがある。

ある夜のこと、私はまた耳が痛くなってしまったので、父が隣のおじさんのところへ行き、チピヤㇰ（オオジシギ）という鳥の頭を神として祀ってあるものを借りてきた。それは、イナウの部分も真っ黒くすすけた、やや長いくちばしがついた鳥の頭で、大きさは今思うと大人の人差し指と親指で丸を作ったくらいのものであった。

父はその神にていねいに礼拝しながら、黒くなったイナウをほどき、中からチピヤㇰの頭を取り出して、その細いくちばしで私の耳の穴をもぞもぞとしてくれた。

たぶんアイヌ語で、子どもの耳を治してほしい、治ったら新しいイナウとおいしいお酒でお礼をしますので、とでもいいながらであったと思うが、小さいときのことでよく覚えていない。

そのシギの頭、いや神さまといっしょに持ってきた小さい薬びんの中から、これも真っ黒い油を出して耳に入れたが、その油がとても冷たかったのを、つい昨日のことのように思い出すことができる。

ずっと後になって聞いたことであるが、チピヤㇰカムイ（オオジシギの神）は耳を治して下さる神で、黒い油もシギの脂であったとか。そのシギをどのようにして捕らえ、どのようにして油をとったのか、今となっては知る由もないが、子どものときの耳の病気が治ったことだけは覚えている。

器物送り

昭和一〇年前後のわが家の炉端の様子は、幅一メートル近く、長さ二メートルほどの広い囲炉裏の上に、これまた囲炉裏と同じような大きさ、広さのドナ（火棚）が下げられていて、屋根裏に火の粉がつかない役目を果たしていた。

子どもの私が立つときにまちがって火棚にゴツンと頭をぶつけると、まわりの大人たちは、ああよかった、よかった、茂も火棚に頭がぶつかるほど大きくなった、と笑っていたものであった。

頭をぶつけた私が目にいっぱい涙をためて痛さをこらえているのを見ていた祖母は、痛いのは火棚も同じなので、ぶつかったところへ息を吹きかけて、痛さを和らげてあげなさい、とアイヌ語でいった。

いわれるままに、今ぶつかった火棚のところに静かに息を吹きかけているうちに自分の頭の痛さも和らぐというもので、このことは火棚も痛さは同じといいながら、気を紛らわせて痛みを忘れさせる智恵であったかもしれない。

何はともあれ、アイヌ自身の手で作り組み立てた道具の火棚であり、痛さは同じというその心のうちには、それらの道具、器物それぞれに魂が宿っていると信じていた証であった。

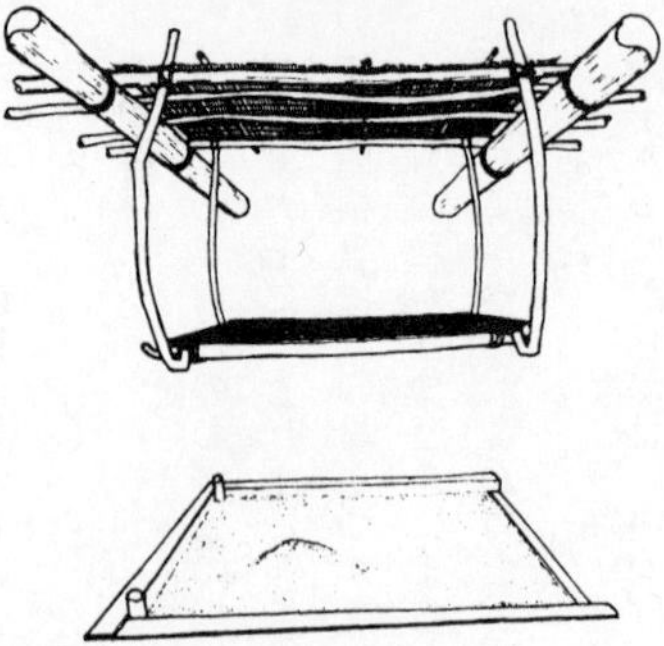
囲炉裏の上のドナ(火棚)

火棚には父が作ったスワッ(炉鉤)が下がっているが、この炉鉤が細いひもでしばられていることがあった。これは、スワッアドスレ(自在鉤)に呪術をさせるというまじないで、家の中で何か見つからない場合に、自在鉤をひもできつくしばり、失せ物が出てくるまで解かないものであった。

炉鉤の神は家の中にいて、いつも家の中の隅々まで見渡しておられるので、私の何々が見つからないのでその在りかを教えてほしい、それが見つかるまで解かないよ、しばられていて苦しかったら早く探しておくれ、というわけで、このように難題をふっかけてやると、きつくしばられて苦しくなった炉鉤の神は失せ物探しを手伝ってくれて、早く見つかるという。

囲炉裏の隅に埋めてあるイヌンペサウシペ（削り台）を台にして、父はよく何やら削っていたが、それは子どもたちが日常用いる箸などであり、サビタの木を材料にした煙管《きせる》やパイプなど父自身が必要とするものはここで作っていた。

アイヌは木のことを本当によく知っていて、堅い木、柔らかい木、割れやすい木、割れにくい木、しなやかで弾力のある木、などと、その木が持っている特徴を覚えていて、作るものによって使い分けた。

弓を作るには弾力のあるイチイの木、食べ物の容器にはいやな味のしないカツラの木やイタヤの木などを用い、木で作ったそれらのものには魂が宿っていると信じていて、古くなって使えなくなったらていねいに神の国へ送り返すことになっていた。

それらの器物を送ることをチョイペプイワッテ（器物送り、器物を帰らせる）という。

炉の横座のところへ模様つきの上等のござを敷き、その上へ古くなって使えなくなったいろいろなものを並べ、ドキという漆塗りの杯になみなみと酒を入れてドキパスイ（捧酒箸）をのせて供える。酒のほかに精白したヒエ、イナキビの団子、乾かしてあった魚とかイナウなど、神の国へのおみやげをたくさんお膳に入れて、道具の神にお供えをしてから、父があらためて別の杯に酒を注ぐ。

ござの上に並べてある古い道具の神に向かってていねいに礼拝を重ねてから、

自在鉤スワッアドスレ

「チョイペプカムイ　カムイウタラ　オドイワンパ　オレイワンパ　アイヌモシリ　アイヌコタンタ　ウレシパテッサム　チコニタタ　ラモッシワノ　オンカミイタッ　クイエコロラムエチイエプ　ネルウエネナ　ネヒオロタ　カムイモシルン　エチイワックス　イナウピリカプ　コエドレンノ　サッチエプオッタ　アエプピリカプ　イモカトシカ　エチセカネ　カムイモシッタ　エチシレパヤクン　アシリピトネ　アシリカムイネ　エチアンエアシカイナー　ヒオーイオイ　コンカミナー（器物の神　諸々の器の神たち　二つの六年三つの六年　アイヌの国土　アイヌの村で　私の子育てを　支えて下さって　心から　私は礼拝の言葉を　いいながら　器物の神を誉め称える　ものであります　そこで　神の国へ　帰るために　上等なイナウ　それと併せて　干し魚とか　おいしい食べ物　山ほどのおみやげ　あなたた

ちが　背負って　神の国へ　到着したなら　新しい神として　位の高い神に　なることができる
であろう　どうもありがとう　私は礼拝します）」

と唱える。

このように長々とお礼のお祈りをする。そして父は、それらの器物をロルンプヤㇻ（上座の窓）から外へ出して、ヌサ（外の祭壇）の前のほうから見て左側にそっと並べ、家の中で供えてあったものを持って出て、器物の上にまき散らす。これら器物送りは一個ずつではなく、何点かあるいは何種類かをいっしょに送るので、器物の神、諸々の神という言い方をした。

送ったものはそのまま大地に朽ち果てさせ、小さいものは数年で朽ちるが、臼のように大きなものは五年も一〇年もそのままに残っている。昨年も荷負のポロサルという村で、送った臼に苔が生えていたので、その写真を撮りにわざわざ行ってきた。

このように、針一本、糸巻き一個にも命を認め、感謝の気持ちを忘れることなく、供物をあげる精神は立派なものであったが、それも今は忘れられようとしているのが残念でならない。

ところで、祈りの中にあった、オドイワンパ　オレイワンパ（二つの六年、三つの六年）という言葉の意味であるが、イワン（六）という数は右手から左手にわたるほどの多い数ということである。したがって、イワンという数は無限大といってはいいすぎになるかもしれないが、多く、何回、何十回も、という意味に用いられ、昔話にしばしば出てくる。

横道にそれるが、アイヌの社会では好きな女性を口説くとき、一年に一回、それを六年続けて口説くと、たとえそれが人妻であっても口説きを拒絶できないとかいわれた。アイヌ語を使いアイヌ社会で生きながら、その口説きを行使できないまま馬齢を重ねてしまった一人が私である。

第三章　動物たちとアイヌ

スズメ送り

スズメのことをアマメチカッポ（アマム＝穀物、エ＝食べる、チカッポ＝小鳥）という。

昭和一〇年前後のわが家の様子は、萱の段葺き屋根に、壁はといえば並四分という薄い板の一重で囲い、家の中には三尺×六尺の囲炉裏が切ってあり、暖房はたき火であった。

春、四月から六月頃までは萱葺き屋根のところどころにスズメが巣を作り、巣立ち近くなると一日か二日の間だけ、ヒナたちが日中いっせいにチュチュチュ、チュチュチュと声を出し始める。この声を待っていたかのようにヘビがどこからともなく現れてヒナたちを丸のみにしてしまうが、アイヌの子どもたちもその声を聞いていっしょに遊ぶのに都合がいいとばかりに、屋根によじ登る。

なま暖かい巣に手を入れて一羽か二羽のヒナを取り出して懐に入れ、ヒナがつぶれないように注意しながら屋根から下りてくると、下で待っている悪童どもがいっせいに手を出してくる。

巣立ち直前のヒナなので羽もきれいに生えそろっているが、くちばしの両側面は黄色でやわらかく、何ともいえなくかわいらしいもので、産毛がいい手触りであったことを覚えている。

そのヒナの頭のてっぺんの毛を一人がつまむと、そのまわりにみんながさっと集まり歌を歌う。それは、「エコタヌタプカラキーキー　サポタプカラキーキー　エコタヌタプカラキーキー　サポタプカラキーキー」のくり返しである。

この歌の意味は、おまえの村の踊りを踊れ、おまえの姉の踊りを踊れ、おまえの村の踊りを踊れ、おまえの姉の踊りを踊れ、のくり返しで、頭のてっぺんの毛をつままれた小スズメは苦しまぎれに羽をばたつかせてぐるぐると回る。

それを見てみんながワイワイガヤガヤ、その声を聞きつけて家の中から父か母が飛び出してきて子スズメにやっていたことと同じことをこちらがやられ、手足をばたつかせる羽目になる。それでも、次から次へと子スズメの頭の毛をつまんで遊ぶので、もてあそばれた子スズメはまもなく死んでしまう。そうなると、子スズメを神の国へ送り返すことになる。

いっしょに悪さをした男の子たちも神妙な顔になって年上の男の子の後ろにつき、ヌサ(外の祭壇)のそばへ行って横に並んで座り、たった今死んだばかりの子スズメ神に礼拝をする。

そのやり方は、まず死んだスズメの頭をこちらへ向けて、母からもらってきた精白のヒエとかアワとかの供物をスズメの上へまき散らす。

「タパン　イモカ　エセワ　カムイコタン　エコシレパ　ヤッネ　サンケカムイネ　アイカラ　ナンコロナー　ハーエエエ（このおみやげを　背負って　神の村へ　着いたら　もっと偉い神に　してもらえるで　ありましょう　ハーエエエ）」

そういっていっせいに礼拝し、子スズメの頭を神の国がある東のほうへ向けて、もう一度礼拝して終わるが、これには大人はまったく関与しない。ハーエエエには意味がないが、大人の口まねをしているわけである。

このような簡単な言葉は子どもであっても知っているし、こうして神の国へ送ったことによってたたりがないと信じていたので、ごくふつうのこととして送りの儀式をしたものであった。

サポタプカラという遊びは子どもたちばかりでなく、大人たちも遊んだ。大人一人が別の大人の頭のてっぺんの髪の毛をつまみ、サポタプカラを歌う。そうすると、スズメ役はおもしろおかしく体をぐるぐると回し、あたりの大人たちは声をそろえて「サポタプカラキーキー、エコタヌタプカラキーキー」と歌うのである。

ちなみに、平取アイヌ文化保存会の出し物としてみんなで遊ぶときもあるが、少年時代に大人たちがやっていたものを会員に教えて楽しく遊ぶ踊りになっている。

ネズミに文句をいう

昭和一三年か一四年頃の家はネズミがたくさんいて、大切なものがかじられることがしばしばあったが、そのときのネズミに対する父の対応がこれまたアイヌ的であった。

当時の大切なものといえば、衣類であり狩猟の道具であった。それらの中でかけがえのないものがかじられたとなると、襟裳岬《えりも》にいると考えられていたネズミの神の総元締めに対し、火の神さまを通して、わが家にいるネズミがアイヌが大切にしているかくかくしかじかのものをかじったと伝えたのである。

これは、エルムノッド（襟裳岬）にいるネズミの総元締め役が下々のネズミに対してアイヌに悪さをしないように、という指令が行き渡っていない証拠である。物をかじったネズミを罰するとともに、これからは絶対にアイヌが大事にしているものをかじらないようにいってくれ、ざっとこのような内容のチャランケ（文句）である。

このような言葉を何のためらいも疑いもなく、父が朗々と詠うのを何度か聞いたものであった。

アイヌが考えるエルムノッド（襟裳岬、エルム＝ネズミ、ノッド＝岬）のことだが、父のい

ネズミの神がいるとされる襟裳岬

っていた襟裳岬へ大人になって行って驚いたことがある。

岬の突端に立って沖を見ると、ネズミの群れが陸を目指して走ってくるように見えるではないか。これからエルムノッㇷ゚ド（ネズミの岬）と名づけられたのだ。山育ちのアイヌである父が、ネズミの総元締めは襟裳岬にいると信じていたわけがこれでわかったのである。アイヌが大地に対する刻印ともいうべき地名をつける場合は、その地形を見てつけるのだが、エルムノッㇷ゚ドなどはその典型であろうと思っている。

ここでチャランケという言葉についていうと、ふつうはウコチャランケ（ウ＝お互い、コ＝それ＝目的、チャ＝言葉、ランケ＝下ろす）といい、お互いの言い分をありったけ出して話し合いましょう、ということである。往々にして言いがかりとか談判とか文句とか訳されているが、本当の意味は話し合いということだ。

ただし、ネズミがものをかじったような場合ははっきりと文句をつけるので、これは文句のチャランケとなる。

ヘビの姿神

昭和一四年三月、私は二風谷小学校第四〇回目の卒業生として学校を終え、一週間くらい家にいただけで近くの造林飯場へ仕事に行かされた。日給一円三〇銭、食費一日二七銭であった。

その後、測量人夫とか炭焼きの仕事をするようになり、昭和一六年と一七年は夏は測量人夫、冬は長知内沢で炭焼き、一八年と一九年は炭焼き専門となった。

炭焼きの仕事は昭和一九年秋でやめ、家族みんなで二風谷の家へ帰ってきたある日のこと、弟である留治が急に、目が痛い、痛いよう、と泣いて苦しみ始めた。

父や母もおろおろするばかり、どうしようもなく困ってしまったが、母がいうには、隣の貝沢重太郎さんのところへ平取本町の鍋沢てったまさんが来ているので頼んでみましょう、ということになった。

ドス（呪術）に用いるドキ（杯）、捧酒箸、チノイェイナウ

それは、てったまさんがドス（呪術）ができ、それもよく当たるということで有名な方であり、しかも私の母方の親類にもなるからであった。

それではお願いをして弟の目の痛い理由を占ってもらいましょう、と隣に来ていたてったまさんに貝沢重太郎さんといっしょに家に来てもらった。

占いのためにチノイェイナウ（ねじったイナウ）というイナウを削り、酒を少し用意してドキという杯に入れ、火の神へもかくかくしかじかとお祈りをする。

そのあとでドキに酒を入れ、杯をのせた台にチノイェイナウを一本のせててったまさんに渡しながら、ご覧のように子どもが目が痛いと苦しがっている、その原因を占ってほしい、とてったまさんに杯を渡す。てったまさんはそれを受け取って、ていねいに上へ下へと押しいただき、捧酒箸で自分の憑き神に酒を捧げるが、そのとき左右の肩と頭に酒をつける。

そのあとでチノイェイナウを手に取って火にかざし、においをかぐしぐさをくり返しながら次第次第に恍惚状態になっていき、体をわなわなとふるわせながら託宣の言葉がほとばしる。

「おれは長知内沢でくらしていたキナスッカムイ（ヘビの神）だが、おまえに熾き火混じりの木灰をかけられ、なぶり殺された。それを恨みに思っていたので仕返しにきたのだ。覚えているだろう、知っているだろう」と、託宣の言葉が次から次へと父に向かって出てきた。

それを聞いた父は、

「それは人違いもいいところだ。ある日のこと二風谷村から長知内の炭焼き小屋へ戻る途中、沢の出口近くの桜庭という人の炭窯のそばを通った。何やらむしろをかけたものがあったので何気なしにそれを剝いでみて、ヘビ嫌いの私は尻餅をつくほど驚いた。それは何十匹かの死んだヘビであり、炭窯の土留めにいたものを桜庭たちが殺して、むしろをかけてあったのだ。おれたちアイヌにはまったく関係はない。しかし、子どもの目の痛みを治すにはどうしたらいいのか、それだけは教えてくれ」

そういうと、

「そうか、人違いであったことはわかったが、みやげものがないと神の国へ帰ることができないので、みやげものをくれれば神の国へ帰ることにしよう」

との託宣であった。

それを聞いた父と貝沢重太郎さんはイナウでヘビの姿を作り、それを外の祭壇へ持っていき、ニワトリの卵とおにぎりをみやげにして、ヘビの神がヘビの総元締めである天の国竜神のところへいくように、とお祈りをした。

お祈りが終わる頃には弟留治の目はうそのように痛みが治まり、走り回っていたものだが、現在六〇歳を過ぎた弟はそのときのことをはっきり覚えていて、自分の人生の不思議の一つといっている。

母にたずねると、母はてったまおばさんが隣へ来ているのを窓から見たのだが、それをヘビの神が感づき、神の国へのみやげほしさに留治に取りついたのであろう、ということであった。

ヘビに文句をいう

昭和一〇年頃の二風谷村では農耕馬を飼っている家はうんと金持ちに見えた。実際そうであったし、それらの家ではウマを家族と同じように大事にしていた。

貧乏なわが家にウマはいなかったが、すぐ隣の貝沢六郎さんのところにはいた。ある春のこと、生まれたばかりの子ウマがマムシに咬まれ、顔が腫れて腫れて目をふさぐほどになってしまった。

それを見た貝沢六郎さんは、マムシの総元締めである天の国竜神に訴えて治してもらおう、それについては身近にいるアオダイショウに文句をいって伝えてもらおう、といって相談がまとまったらしい。

私が見たのは、六郎さんの家の南側の土台にいる一匹のアオダイショウに対し、貝沢イソンノアシさんがチャランケをしている姿であった。イソンノアシさんの出で立ちはアイヌ民族の正装ともいえるもので、二枚着た着物のうち、内側のものはチカㇻカラペ（刺繡した着物）、外側のものはカパㇻアミㇷ゚（切り伏せした単衣の着物）である。頭にはイナウルあるいはサパンペという冠をかぶり、右肩から左後ろへかけた幅の広い下げ紐に刀を通してある。刀の柄は右手のほうへきていて、その刀の抜き身を右手で持っていた。

刀の切っ先はまっすぐ上へ立てるように強くにぎっていて、そんな姿でアオダイショウと対面していたのであるが、そのときにアイヌ語でどのような言葉を語りかけていたかはよく覚えていない。

たぶん、

「おまえたちの仲間であるマムシが、今日生まれたばかりのウマの子を咬んだ。見たとおり顔が腫れて目もふさがるほどだ。なんとかしておまえたちの大親方である竜神に頼んで、この子ウマを治してくれ」

といっていたのかもしれない。見ていた私は子ども心に、イソンノアシさんはきっとヘビと話をすることができるのだなあ、と思った。

そう思いながら見ていた大きな理由は、イソンノアシさんが一言しゃべるごとに、右手に持った刀の抜き身を前へ突き出し、右足をドスン、ドスンと踏んでいるのにヘビは動かなかったからである。すぐ隣の家であったので一部始終を見ていたわけだが、とねっこ（子ウマ）はとうとう死んでしまったという。

昔はマムシなどのヘビが多かったが、今はめったに見ることがない。この一〇年ほどでヘビが急に減ったことに気づき、カエルも見ることが少なくなり、トカゲも最近見たことがないし、地球の自然に異変が起きているような気がしてならない。講演のたびに、ヘビが消えた、カエルが消えたといい続けているが、あなたが消えた、私が消えたということにならない保証はあるのだろうか。

白ギツネがもたらした幸運

すぐ隣の貝沢六郎さんの長男で松一さんという若者がいたが、彼があるときレタㇻチロンヌㇷ゚（白ギツネ。レタㇻ＝白い、チ＝私、ロンヌ＝殺す、ㇷ゚＝者）を獲った。

アイヌ社会では白ギツネを見ただけでも、インカライコシンニヌㇷ゚（見ただけで宝になる）というほどで、これは宝物になることはまちがいない。

獲った白ギツネの頭をイナウでくるみ、コシンニヌプ（秘宝）として魂を与えたのが私の父アレクアイヌで、それを宝にした松一さんはつきについて、なすことやること全部いい方向になった。昭和一〇年代は金があっても買うものが店にないし、せいぜいばくちをして金を取ったりやったり、それにしても松一さんがいたらばくち好きの者たちも二の足を踏むほどだった。

一生つきまくって幸せにくらし、真偽のほどはわからないが、晩年になって高額の宝くじが当たったとかの噂も聞こえたが、今も八〇歳を過ぎて元気にくらしているのを見ると、これは本物と私は思っている。

この場合もふつうの大きさの白ギツネではなく、イタチほどの大きさの小さいものが秘宝として役に立つもので、大きいのでは守り神にならないことをつけ加えておく。

フクロウの声

昭和一〇年頃のこと、夏の夜の電気もない暗闇の中、どこからともなく聞こえてくる太い声、「ペゥレプチコイキプフーム、ペゥレプチコイキプフーム」

その頃は沙流川の右岸も左岸も斧を知らない原始林で、川にはサケやマスがたくさんいて、フクロウ（エゾフクロウ）が営巣する太い樹木の洞も十分あったであろう。

家の裏山からのようにも聞こえ、川の向こう側、沙流川の右岸からのようにも聞こえてくるその声の正体は何なのか、子どもたちにはまったくわからないのをいいことに、大人たちは子どもを威かす化け物の声としていた。

長泣きする子どもも、ぺゥレプチコイキが来るぞ、といわれたとたんにさっと泣きやむ。弟で健介というのがいて、これが長泣きをすると、母はすぐに「ぺゥレプチコイキが来るぞ」といい、弟は少しは泣きやんだ。

あるとき、錫杖を持った修験者のような旅回りの坊さんがわが家へ寄った折、母が弟が長泣きする話をすると、治してあげましょう、といって祈禱してくれた。その坊さんが祈禱してから近くの家へ立ち寄り、あの子どもは泣きやむであろうが、まもなく死ぬであろう、といったとか。その予言どおり、泣きやんだがまもなく亡くなった。

母は、長泣きしても生きていてほしかった、私が自分の子どもを殺したようなものだ、と後々まで悔やんでいたものであった。

そして母の独り言に、「家は道路ぞいにあるので旅人が泊めてくれと寄ると、こちらがどんなに困っていても何とかして泊めてあげたものだ。あるとき家に泊まった偉い坊さんに、貴女は年をとるにしたがって幸せになる人だといわれたが、そのとおりに年をとるにしたがって何も困らなくなった」

それはそうだろう。私たちが寝ている敷き布団を引っぱり抜いて、朝に目を覚ますと自分たちは藁布団の上。そうまでして困っている人を泊めたんだから、幸せになれないはずはないであろう、と私は心の内で思っていた。

母は坊さんの予言どおり晩年は苦労もなかった。アイヌは、ムニンニ　ホラッシリネノオパハウサッノ　コンネオカー（朽ち木が音もなく倒れると同じに長患いをしないで　私は死にたいものだ）と理想的な死に方を思っているが、そのとおりにあっけなく亡くなったのが昭和四五年一二月であった。

「ぺゥレプチコイキプフーム」と鳴くフクロウはカムイチカッポ（神の鳥）と呼ばれて、アイヌたちは大切な神としていたが、昭和一四年頃、隣の貝沢重太郎さんがかけた罠にウサギがかかった。そのウサギをフクロウが食べてから、自分が罠にかかり、それを父が神の国へ送り返したのを見たことがある。

昭和の初めにはこの二風谷の山々にも巨大なシマフクロウがいたものであった。現在は道東に数十羽と激減してしまったという話を聞くと、営巣できる木の洞を残し、餌になるサケを遡上させればなあ、と思う。

生きたシマフクロウを見たのは昭和一六年、門別川の上流で、木こり仕事の弟子をしていたときに、仕事場の近くの木の洞から頭を出していたのを見た。その次は新冠川の河口で木の枝に止まっているのを長井博カメラマンといっしょに見たが、まさに神さま的な存在で、めったに見ることのできない鳥である。

カケス落とし

二風谷小学校から東のほう、国道の山側にわが家はあって、近くには二風谷の神社もあり、山も川も近かった。

カケス獲りの罠を仕掛けるのはアイヌの少年たちの遊びであり、本当に楽しいことであった。秋の九月から一一月まではこのカケス落としを作り、学校から帰ってくると友だちの宗三郎や健二郎といっしょに、それぞれ得意のカケス落としを持って近くの山へ行った。

その当時は罠という言い方はせず、首絞めと足挟みの二とおりあって、首絞めはすぐにカケスが死んでしまうが、足挟みでは生きていて落としからはずすときにカケスに手をかまれた。

カケスはどん欲な鳥で、右手でカケスの体をにぎり、左手にトウモロコシをのせて見せると、それをバリバリとついばむほどであったし、何より羽がるり色できれいなのでおもちゃにした。また、足の部分は筋を引っぱると足指の爪が動くので、これをおもちゃにした。

ものをしゃべるのが遅い子どもがいると、カケスに舌をかんでもらうとよくしゃべれるようになる、という話も聞いた。

カケスは止まっている枝の下にネコなどが来るとさっと頭の毛を逆立てるが、頭の毛が立っている人のことをニウェンエヤミ（怒りカケス）とあだ名したこともある。

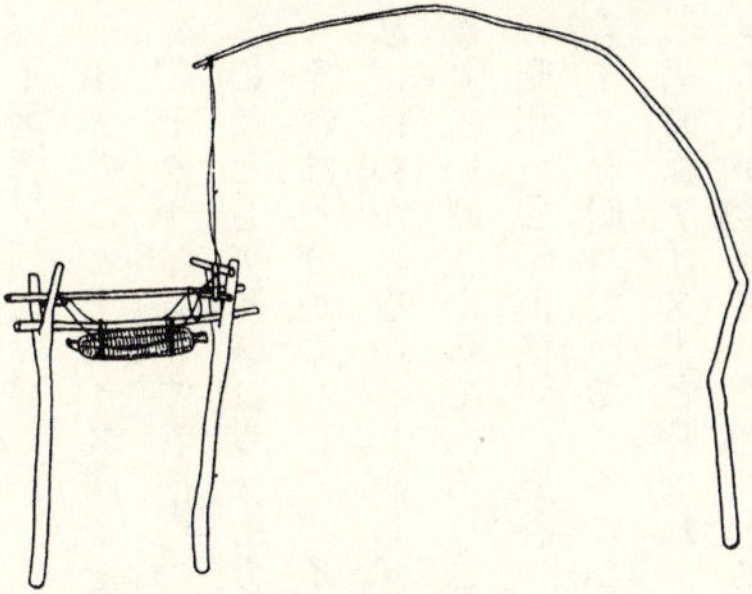

カケス罠（足挟みのタイプ）

カケスの肉は塩焼きにして骨のまま食べたもので、カケス落としにかかっているのを遠くから見たときは、クマでも獲れたような気持ちで走っていった。

エヤミという言い方とは別にパラケウともいう。アイヌ側からカケスの神に宝物の交換を持ちかけ、それを奪ったという昔話もあるように、カケスは身近な鳥であった。今は少年時代にその肉を食べた罪滅ぼしに、家に餌台を作り、一冬に六〇キロ入りの俵に入った屑米を二俵ほどあげて仲良くしている。

イヌ送り

イヌのことをアイヌ語でセタというが、大昔はオオカミのこともセタといっていたらしく、セタナイ（オオカミ沢）、セタヌプリ（オオカミ山）などの地名が残っている。オオカミのことをアイヌはウォセカムイ（咆吼する神、遠吠えする神）という呼び方をする。

それはともかくとして、イヌが家畜としてアイヌの家に飼われたのはいつの時代からか私にはわからない。しかし、アイヌの昔話の中でもしばしば登場してくるのをみると、かなり古い時代からであろうことは想像できる。

昭和一〇年前後、二風谷の村の中でたくさんのイヌが放し飼いにされていた。わが家でもイヌを飼っていて、冬になるとそりを引かせたりする遊びの友であった。

当時はアイヌ犬と呼ばれ、小型の利口なイヌで、尻尾と両方の耳がぴんと立っており、足の爪が全部黒いこと、舌に黒い斑点があることなどが特徴といわれていた。

かなり前、三〇年も前であったか、アイヌ民族がイヌの肉を食べたとか食べなかったとかいう記事が新聞に出た記憶があるが、おれは子どものときにイヌの肉を食べたぞ、と思った。

そこで、セタイワッテ（イヌ送り）の様子を述べるが、イヌを送る、すなわちイヌを殺すことにつけていた理由は、夜中いっぱいしている遠吠えは病気の神を呼び寄せる吠え方なので、いつも遠吠えしていては困る、それで送ってくれ、つまり殺してくれ、ということであった。そして、それなら神の国へ帰りたいのだから送りましょう、ということになる。

私はまだ小学校にも行っていない小さい子どもであったが、父たちがイヌを送る場所へいっしょに行って見ていたことがある。

まず、チェホロカケプというイナウを一本とお供物となる精白したヒエを用意する。そして、シケレペニ（キハダ）で作った太さ五センチ、長さ一メートルくらいのカンニ（打棒）を一本持って、人目につかない木の陰か物陰に行く。

送るイヌは布のようなもので目隠しをしておき、立木につないで殴りやすいように位置を直しながら、耳の後ろ側をえいっとばかりに一撃すると、声も出さずに倒れる。もう一人の人が手に持っていたマキリ（小刀）で倒れたイヌののどを切ると、かなりの量の血が流れ、白い雪が真っ赤に染まる。

ややあってから、殺したイヌをあお向けにひっくり返して皮を剝ぐ。両方の前足の内側から胸のほうへマキリを入れ、さらに後ろ足の内側から腿のほうへ、どちらも皮だけに筋を入れ、胸から腿まで皮だけを切る。これをイペシシテ（刃物をたどらす）という。

大きい小さいの差はあっても、クマの皮剝ぎと手順は同じで、クマのときにおこなうヌマッピタ（胸ひも解き）という儀式はイヌの場合はする必要がなかった。

後で神の国へ送るために必要なのは毛のついたままの頭と尻尾、四本の足首で、それらは別に取っておき、送るときの並べ方がある。

先ほど筋を入れたところから、穴を開けないように皮をきれいに剝ぎ、のどの気管に縄をつけて引っぱると背中から肋骨の間の内臓が離れて、内臓だけがぽろっと出る。さらに胴体から四本の足を切り離して解体が終わるが、子どものときはイヌの解体を一冬に二回は見ていたので、クマ送りのときに役に立ったような気がしている。

さて、神の国へイヌを送る様子は、カンニという打棒に、皮つきのままのイヌの頭の鼻先をのせ、その後ろに生きていたときと同じように前足と後ろ足を並べ、後ろへ尻尾をおき、イナウを一本立てるというものである。そして、ここで次のようなお祈りをする。

「レイェプカムイ　エネワ　クイタッチキ　ウォンネレヤン　クニネネワ　カムイモシルン　エホシピルスイ　ネヒオロタ　エカシテケトッ　アオランケ　ドルサッイナウ　コエドレンノ　スッテケトッ　アオランケハル　ハルピㇼカプ　コエドレンノ　ピㇼカカンニ　イタカナッカ　カムイモシルン　エシレパヤッネ　コンカネカンニネ　アンナンコロエノトノケ　ウォセカムイ　ホロケゥカムイ　エコシレパヤッネ　エラムアイェワ　アシ

リカムイネ　アシリピトネ　エアンナンコロ　イモカトシカ　エセカネワ　カムイモシルン　エコシレパプ　ネヒタパンナ　コンカミナー（イヌの神　あなたに　私がしゃべる言葉をよく聞いてもらいたい　成りゆきにしたがい　神の国へ　戻りたい様子　そこで　先祖の翁その手元へ　降ろされた　垢のつかないイナウ　それとあわせて　祖母の手元へ　降ろされた穀物　本当によい穀物　それと今一つは　美しい打棒　と申しましても　神の国へ　あなたが着いたら　黄金の打棒に　なる打棒を　あなたの王である　遠吠えの神　オオカミ神へのみやげとして着いたならば　ほめられながら　新しい神として　新しい位に　つけるであろう　山ほどのみやげ　それを背負って　神の国へ　到着することに　なっているのだ　私は礼拝します）」

イヌにはレイエプカムイ（はう神さま）という言い方もあり、一頭のイヌに対してこれだけのていねいな言葉とおみやげを持たせ、イヌに自分たちも納得する送り方をさせていたのであった。

昭和二〇年頃まではこのような送り方でイヌを殺し、その肉を食べていたが、味のほどはあまり覚えていない。戦争に負けた後、世の中も落ち着いてきて、食べ物も豊富になったからイヌ送りもしなくなり、またイヌの放し飼いも禁じられて、イヌの数も少なくなってしまった。

ここで、イヌの皮の利用の仕方をいうと、狩りに行くとき背中に当てるのは、セタウル（イヌの皮）がよいとされていた。これは、シカ皮だと誤って撃たれるおそれがあるが、イヌの皮ならその心配がないとされていたから、と聞いている。

もみ皮の作り方は、皮の裏側へ木灰をつけては擦り、つけては擦って、それを何回もくり返していたのを見たが、木灰は脂気を取るらしく、父はそのやり方でもみ皮を加工していた。

一言つけ加えておくと、イヌにとっては心外な話であるが、植物の名称の頭にセタとつけると、それはアイヌたちが食べることのできないものに対する蔑称であった。たとえば、セタプクサ（イヌのギョウジャニンニク＝スズラン）はギョウジャニンニクに似てはいるが人間が食べられないので、その名がつけられているし、セタムンチロ（イヌのアワ＝エノコログサ、ネコジャラシ）も同じである。

さらに、人間に対してセタをつける例として、父娘あるいは兄妹で性的関係があったとかの噂が立ったときは、ウコセタネ（ウ＝互いに、コ＝それ・性的な交わり、セタ＝イヌ、ネ＝なった）といい、あの二人はイヌになった、と軽蔑されるのである。悪口の中には、セタエドルシ（イヌの鼻の皮）などというのもある。

いうまでもないが、イヌは狩猟には欠かすことのできないお供であった。冬山での野宿では寄り添って寝てくれるし、勇敢なイヌであればいざクマに立ち向かう場合、絶対に主人を守るという。

ヒグマの餌を横取りした話

この話をアイヌ語で聞いたときは、事実とはすごいものだと思いながら聞いたのだが、日本語で表記して読まれた方にそのすごさを伝えることができるかどうか心配だ。それでも書くことにする。

今から一〇〇年少し前のこと、荷負本村の木村いさんてけさんの祖母が若い頃に体験したこととして聞かされた話で、これから先はいさんてけさんの祖母が自分の娘時代を述懐する形の話とする。「私」とはいさんてけさんの祖母である。

私が本当に若い頃、歳は一六歳か一七歳であったと思うが、季節は初夏のこと、私たちの村、荷負本村からノカピラ川を上流へ向かって、一行八人か九人で歩き始めた。目的はニペㇱケプ（シナノキの皮剝ぎ）で、行くところはメムの向かい側のペッカント、お天気もいいし予定は一晩泊まりなので、食べ物とポントマ（幅の狭いござのようなもの）をそれぞれ背負っていた。途中、貫気別《ぬき》の店で少しずつ必要なものを買い入れ、晩に飲むつもりで酒もわずかだが買った。

一番若いのは私なので、荷物もやや少なく背負い、歩いて歩いて、チュワン（昼近く）になってから、今晩泊まる場所のペッカントプド（ペッカント沢の出口）の広いピタㇻ（砂利原）へ到着した。初夏のこと、暑くもなし寒くもなし、それはそれは楽しくお弁当を広げてワイワイガヤガヤとおしゃべりしながら食べた後、少しだけみんなが横になって昼寝をした。

少し休んだ後にみんなが起きて山へ入ることになったが、私の仕事は、今夜の野宿のために燃やす薪を集めるネッウウォマレ（流木集め）に決められた。

広いピタㇻなので流木はたくさん見えるし、山へ入るよりも楽かなと思ったり、山へ入ってみたい気持ちも残りながら、一人で残ることになった。

みんなは砂利原の中ほどから山のほうへ入っていったので、私は砂利原の頭のほうへ歩き、この流木も、あの流木もと集める薪に見当をつけながらゆっくり歩いていった。

どこの砂利原でも、その後ろのほうはヤナギ原になっているもので、そちらへ何気なく五歩か六歩入っていくと、目の前にたった今殺されたらしいシカが一頭横たわっているではないか。

若い私は内心小躍りするほどうれしくなり、どうやって野宿の場所まで運ぶことができるだろうか、と辺りの様子に気を配るでもなく、死んでいるシカのまわりを二度三度回りながら考えた。

そうだ、誰であったか年上の人の話で、重いものを運ぶには川へ入れて流せばいい、マスとかサケをたくさん運ぶときは鰓ぶたにブドウづるを通して川に入れて運ぶのだ、と聞いていた。

とっさに私は自分の腰に下げているタㇻ（背負い縄）に手をやった。そうだ、これがあった、川まで運べばなんとかなるさ。

死んだシカの首に縄をかけると、シカの体はなま暖かい。たった今殺されたんだな、このかまれ方はクマにやられたにちがいない。

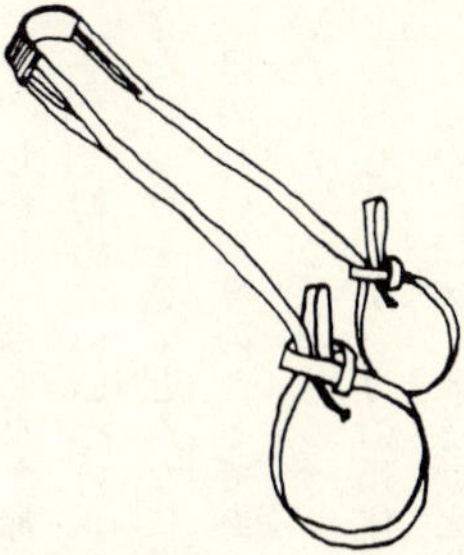
タㇻ（背負い縄）

若い私は前後の見境もなく、このシカ一頭あれば今夜のごちそうはこれだ、とうれしさのあまり力が倍になったかのように、シカの死体を川までよいしょよいしょと引き出し、水へ入れると、後は軽々と流れるので野宿の場所まで引っぱってきて、そこに引き上げようとした。
ここまで来ると安心したのか、砂利原の上を引っぱっていけなくなり、シカの体の三分の一は水の中に残っていた。しかし、みんなが帰ってきたら引き上げるのは簡単なものさ、と考えた。

そこで初めていいつけられたネッウウォマレ（流木集め）をしながら、みんなが帰ってきたらシカを見てどんなにほめられるか、と胸をわくわくさせながら、薪を集めていた。

陽の長い初夏のことであったが、やや陽がかげり始めるくらいになった頃、山へ入っていた人たちが大きなシナノキの皮の荷物を背負って次々と戻ってきた。そのうちの一番年上のおじさんがシカの死体を見て、尻餅をつくほど驚いた。

どんなにほめられるかと思っていた若い私は、大変なことをしでかしていたのだった。クマが殺したシカを横取りすると、クマという動物は餌に対しては執念深い動物なので、人間を殺してでも絶対に自分の獲ったシカを取り戻そうとするからであった。

私はそれを聞いてふるえあがった。きっとクマは、私がシカを引っぱっていたのを草むらからじっと見ていたにちがいない。よくまあ殺されなかったものだ、と年上の姉たちは口々にいって、お前が生きているだけでも不思議なほど、と泣きながら抱きしめてくれた。

一番年上のおじさんは砂利原にぺたんと座って考え、これから暗くなるがクマは夜も目が見えるので、逃げたとしても追ってくるだろう。そうなったら、この中からけが人か死人が出ることはまちがいない。みんなで無事に朝を迎えられる保証はないけれど、ここから動かないほうが誰かを犠牲にしないですむかもしれない、とみんなに相談した。

日頃は優しいあのおじさんも急に言葉が命令調になって、さあみなの者よ、できるだけ太い流木を集めて大きな大きな火を燃やすことだ。火があれば少しはクマがいやがるであろう。おじさんにいわれたとおり男も女もありったけの力を出して、太い流木を集め、夜いっぱい燃やせるくらいの薪を山のように積み上げる間に日は暮れて、辺りは真っ暗になった。

クマが近くに潜んでいることはまちがいなく、あのシカを持っていってくれればと思うけれど、クマのほうはシカのことは忘れたかのように餌を奪った人間だけを恨む習性があるとか。

夜中頃までは物音一つ聞こえない静けさが続き、燃えている火の光でみんなの顔が見えているが、緊張のあまり声を出す者もいない。その中で誰かが声を出さずに闇の一角を指さした。

そちらを見ると話にだけは聞いたことのあるクマの目の光り、アイペ（アワビ）の貝殻の内側の光とまったく同じ色の青白い光が二つ、ぎらっ、ぎらっと光っている。それを見たおじさんはすっくと立って、大きな声でカムイオロイタク（神々に助けを求める言葉）をいうと、女たちも後ろへついて、ペウタンケ（細い声）で「ウォーイ、ウォーイ」と叫び声をあげた。

それと同時に薪をくべて炎が大きくなると、クマは少しずつ後ずさりしたかに見えた。しかし、逃げるのではなく右へ左へ移動しながら、少しずつ私たちのほうへ近づいたと思ったそのとき、闇の中の二つの目が大きくゆれた。そして、こちらへ向かって砂利を蹴散らしながら突進してきたのである。

目の光だけでなく、クマの走り来る音を聞いた女たちはペウタンケではなく泣き声になり、もっと高い声を出すと、走ってくるクマが目の前でとまった。それは、石粒がバラバラッと飛んできて私たちの体にあたるほどの近さだった。

あまりの騒ぎと女たちの泣き叫ぶ声にクマは少したじろぎ、戻っていったが、少しするとまた突進してくる。クマの息もだんだんと荒くなり、口の両側にはコイスムタッ（真っ白い泡の塊）がついているように見えた。

炎の光がクマの目に反射して青白く光り、クマの動きがわかってから、さらに太い薪を火にくべて炎を大きくしていても、クマは何回も何回も走ってきて、誰が殺されるか、誰が持っていかれるか、誰一人として生きた心地がしない。

男たちはホコッセ（神々に救いを求める声）の「ホホホホホーホイ」をくり返し、女はペウタンケをくり返す。そうこうしているうちに東の空が白みかけ、クマは私たちの近くから離れて山のほうへ行ってしまい、みんなはそこへへたへたと座り込んで顔を見合わせた。

誰一人クマに持っていかれず、けが人も死人もなかったので、みんなで手を取り合い、肩を抱き合って無事を確かめ、涙ながらに喜んだ。

後で聞いたことだが、オオカミが殺したシカをアイヌが横取りしても、オオカミは知らん顔、おれたちは足が速いからすぐ獲るよというような顔をして、さっさと行ってしまう。しかし、クマはちがう。自分の餌を絶対にほかの者に渡さないものだ。したがって死んでいるシカの傷を見て、とっさにクマが殺したものか、オオカミが殺したものかを判断するのも狩人の心得という。

若い娘であった私はそれを知らずに、クマが殺したシカを横取りし、危うくウタリ（仲間）が殺されそうになった。みんなに聞いて覚えてほしいのでこの話をした。私の話は終わり。

以上は昭和四〇年代、私があちらこちらの村へ録音のために歩いていたときに記録したもので、地名は今もそのままである。

持っていった酒のことや夕食、朝食のことなどが気になったが、アイヌ語で聞いた、クマが走ってきて目の前に止まったとき、石粒が飛んでくるという迫力、緊迫感は忘れられないものがある。

第四章

生きることと死ぬこと

アイヌの結婚

ここでは、昔聞いた話の中に出てくること、そして昭和一〇年代から二〇年代までのことについて話を進めていくことにする。

アイヌは、嫁さんを選び結婚まで進めるのはクマ一頭獲るよりもっとむずかしいものだという。嫁探しは山の向こう側から、あるいは川の向こう側からという言い方で、なるべく村うちでの結婚は避けるべきとされ、それはもし先祖が一つであったらよくないからということであり、注意し合っていた。

アイヌ語には嫁をもらうという言葉はなく、マッエドン（話すときはマテドン、妻を借りる）という言い方で、嫁さんはもらうものではなく借りてくるものと考えていた。

それは、もらったらこちらのものと思って粗末にするが、借り物となれば大切にし、借りてこられた嫁さんもおしとやかにしていなければ、実家へ戻されるかもしれない。お互いに一歩ずつ後ろへさがり、ゆずり合う気持ちがあれば、夫婦は円満というものである。

それに、ずっと昔、一〇〇年以上前かもしれないが、娘が一人前になると、近くに一軒の家を建てて一人で住まわせ、いわゆる花嫁修業をさせるという風習もあったという。

この話を記者時代の本多勝一さんに聞かせたことがある。二風谷に数カ月滞在して朝日新聞にアイヌ民族について百数回連載していたときのことであるが、本多さんは確認のため若い日本人学者に問いただした。その人は言下に否定し、そんな淫売婦的なことはありえないといったそうだ。

困ったのは本多記者、萱野がいった話は嘘であったかと猛烈に資料をあさると、一冊の本に、二風谷の誰それから昭和何年何月に聞いた話として私がしゃべったことと同じ話が載っていた。

それで私の信用は倍になったであろうが、しばらくあとで本多さんは、記事を書くには複数の証言が必要なのだと聞かせてくれ、教えられたものであった。

クマ一頭獲るよりも大変な嫁探しが幸いにも決まったとしたら、今でいう結納に相当するイコロ（宝物）を持って正式に嫁方の実家へ行き、父親にイコロを渡す。イコロを受け取った嫁のほうからは、お

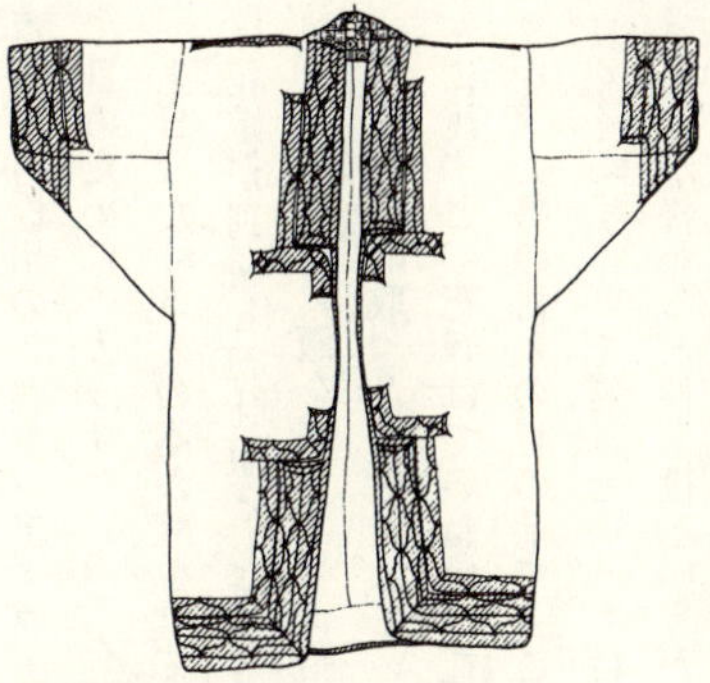
男性用のアッドシアミㇷ゚

返しに男性用のアッドシアミプ（アッシ織りの着物）を渡す。婚礼の日取りが決まると、その日のためにチカラサケ（酒）を醸す。

当日、たくさんの酒が醸されていて、食べ物の準備も整い、大勢の村人が集まる。そこへ花嫁が到着し初仕事として小さい鍋でご飯を炊き、アサマリイタンキ（糸底の高いお椀）に山盛りに飯を盛って、一膳の箸を添えて婿殿に渡す。

ご飯を受け取った婿さんはていねいに礼拝し、そのご飯の半分を食べて残り半分を嫁さんに渡すと、花嫁はていねいに礼拝をくり返し、婿さんが使った箸で残り半分を食べてしまう。大勢の村人の目の前で、これから先、二人は一つのお椀に一膳の箸、一つの鍋で仲良くくらすことを誓うというわけである。

それが終わると仲人役というか、媒酌人が火の神へお祈りをし、杯を二人に渡して、この結婚式は人間にだけ約束したのではなく、火の神さまや諸々の神さまとの約束ごとである、これから先、早いうちに二人の間に子どもが生まれることを楽しみに待っている、という意味のことを長々といい聞かせる。それからあとは、イクマラプト（飲む宴）、イペマラプト（食べる宴）になっていくのである。

十分に飲みかつ食べると、歌や踊りが始まりそれが夜中まで続く。踊りのときの囃子詞《はやしことば》には、「オッカヨココロペ（男の持ち物）ラーチンラーチン（ぶらりぶらり）メノココロペ

（女の持ち物）ハーサハーサ（ぱくりぱくり）」などと猥談めいたものも飛び出す。

昭和二〇年にあった友人の二谷宗三郎の結婚式でもそうであったが、なんのためらいもなく踊り明かしたので、数日の間は、田植えをしたときのように太股のあたりからふくらはぎまで痛いものであった。もちろん、この当時はすでにイコロ（宝物）渡しではなく、ふつうの結納はお金を出すことであったのは、いうまでもない。

ちなみにアイヌ風の家族構成では一軒の家になるべく二組の夫婦を住まわせないように、長男が結婚すると別家させ、上から順々に家から出ていき、おしまいに末っ子が親たちの世話をしたのである。

これは、財産とてあるわけではなかったし、強いていうと、山猟や川漁の場所など自然そのものが財産であり、それらの場所を教えてもらうのが財産の相続であったからである。一軒の家に二組の夫婦はいないとなれば、嫁と姑のいさかいもなく、まして嫁いじめなどという話は聞いたことがなかったので、アイヌプリ（アイヌの風習）はいいものだったと思っている。

若い娘のすべきこと

私と姉とし子とは四つ違いであったが、昭和一〇年頃のこと、まだ女の子であった姉に対し祖母は、メノコプリ（女性の風習）として最も大切な仕事は火の用心だ、といっていた。

その次は針仕事で、布きれを姉に預けては人形の着物を縫わせ、その日に縫ったものは夜になると必ず縫い目を解かせて次の日にやはり最初から縫わせるようにしていた。それは、人形をそのままにしておくと夜中に辺りを歩き回って悪さをするからという理由であったが、その裏には、毎日縫わせては夜に解くことで針仕事が上手になるということがあったのである。

大人たちは、女の子を半ば脅かしながら針仕事を教えたわけで、女の子が一人前に成長する頃には、繕い物や自分が着る単衣くらいは縫えるようになっていた。若かった母は畑仕事などに忙しいので、姉に対しての教育は祖母の仕事であるのがふつうであった。物知りの祖母といっしょにいるのは家庭教師といるようなものであった。

昭和一〇年代から二〇年代は、アイヌの風習はもはや必要のないこととされて見向きもされなかった頃で、刺繍なども私の伯母うもしまてっ、など数人の女性が観光客向けに袋物などを細々と作っていたにすぎなかった。したがって姉の場合も、刺繍はまったく教えられずにふつうの着物、ふつうの裁縫を知っているだけであった。

姉たちよりももっと古い時代は好きな男性がいると、刺繍をしたテクンペ（手甲）を贈ったり、マタンプシ（鉢巻き）を贈るなどして、それらのものを男性が身につけると女性からの求愛を受けた印になったという。

最も大切な火の用心、その昔は萱の屋根に萱の囲いという燃えやすい家にいながらアイヌの村では火事が少なく、昭和五年頃に荒井さんの家、七年頃に貝沢ちこさんの家、そして一八年頃に貝沢与次郎さんの家などが火事にあったくらいであった。しかし、これら焼けた家が萱の屋根に萱の囲いであったわけではなく、昭和七年頃にそういう家は貝沢なつさんの家一軒だけで、そのほかは屋根が萱でも囲いは板であった。

嫁入り前の娘たちは、それぞれ火の始末を厳重に教えられ、裁縫も一人前になってから、お嫁に行くことになっていた。

男性用のテクンペ

したがって、その昔の結婚はそれほど早いものではなく、二二歳から二五歳くらいまでが適齢期であったように思われる。

若い男のすべきこと

男の子の教育は父親の役目かなと思うのは、ことあるごとに父が私を、さあ茂、行くぞ、といって連れ歩いてくれたものだからで、今になってみるとそれは一つ一つが教育であった。

足手まといになるくらいの幼年時代の頃から父は私を連れ歩いていたが、ある春のこと、天然の椎茸を採るために私を山へ連れて行き、この峰を下ったところで合流しようと一人で行かされたのである。

一人になった私はおそるおそる山を下り、父が見えないと泣き出すほど小さい子どもだったので、採った椎茸をいじり回して、椎茸の柄（石づき）をもいでしまった。困った私は細い柴を折り取って芯にしたが大人がわからないはずがなく、おこられたりしたものであった。

昭和一〇年前後は裏山は密林のようで、その林の中から太い木を伐り出し、そこに残ったナラの木の枝にたくさんの椎茸が生えた。本来はアイヌの持ち山であるのに、そこに日本人が勝手に入ってきて木を伐り、太い部分を金にして残りの枝に生えた椎茸を採って一〇個を糸に通して何銭かで売っていた。悲しい話である。

現在は年がら年中、椎茸が店頭に出ていて、栽培ものが幅をきかせているが、昔は春と秋に自然に生えるものが椎茸であった。

昭和八年、私は小学校へ入学した。それからも父は、学校は明日もあるがこれこれの行事は今日だけのもの、さあ行くぞ、と連れて行ってくれた。それをいいことに平気で学校を休んだものであった。

水死人に対する特別の葬式、イヨマンテ（クマ送り）などにもいっしょに行き、暗い夜道を戻りながら今日あったことのおさらいめいた話をしながら帰ってきた。それらのことが今になって大きく役立っていて、やはり男の子は父親が教育するものと思っている。

それはともかく祖母の言い分は、男というものはお嫁さんを迎える前に、ニス（臼）、イユタニ（片手で持つ杵）、ムイ（箕）、この三点を自分の手で作らなければならない、というものであった。

これらは女性が日頃必要としている道具であるだけでなく、男は生活上、刃物を使えなくてはならない、ということであった。

かつて狩猟民であった時代には弓の矢を上手に作らなければならなかった。刃物を上手に使ってまちがいなく獲物に刺さる矢を作らねば、目の前を走るクマもシカも獲ることができず、食べ物に困り妻をめとることができなくなるかもしれなかった。

事実、昔は矢作りが下手な不器用な男はウッシュー（住み込みの召使い）となってくらしたということなので、祖母はそのことを考え、若者はこの三点を、といっていたのである。

男性の側からすれば、メノコマキリ（女性用の小刀）を上手に作って贈り物とし、その

男性は臼、杵、箕の３点を作ってから嫁をもらえるとされた

小刀を受け取った娘が腰に下げてくれれば求愛を受けてくれた証になるので、腕によりをかけて作るのである。

古いメノコマキリを見ると、ポネサヤ（骨鞘）という骨製の鞘で、男たち自身が用いるものより上等なものが多いということから、いかに贈り物に力を入れていたかがわかる。

メノコマキリに力を入れる理由は、私はこれほどに彫刻の腕が上達しましたよ、貴女と結婚することができたら、シカを獲り、クマを獲って幸せにくらしたい、そういう意味をこめての贈り物になるわけで、贈られた娘はそのマキリを腰に下げて誇示し、それを見れば誰の作品かすぐにわかるので、娘に思いを寄せていた若者たちもあきらめるのである。

昭和一二年か一三年の冬の朝、数枚の壁新聞が村うちに張り出され、それにはゆうべの夜這いこき、貝沢誰々、貝沢勝美、と私の実兄である勝美の名前も書かれていた。その壁新聞はざら紙に囲炉裏の消し炭で書かれ、書いた人は貝沢留吉さんであった。

晩年に私が留吉さんに確かめると、お前は子どもだったべ、よく覚えていたものだなあ、と笑いながら、妹のところへあいつら来て腹立ったからわざと実名を出した、と本人の口から聞いた。

このようにかつては夜這いという風習もあったらしいが、私の青年時代にはまったくなくなっていた。しかし、青年たちのお遊び的なものに若い娘の乳房をさらけ出させて墨を塗るというのがあった。

これは一人ではできないので、数人の若者が娘をつかまえて、いやがる娘の胸をはだけさせ、こってりと墨を塗った。墨がないときは囲炉裏の消し炭をごしごしと塗った。当時の若者たちの手の甲はいつも爪痕だらけで、若い娘を泣かしたというのも自慢の一つであったような気がする。これは正月などで大勢集まっている中でのこと、いつでもというものではなかった。

この遊びは大昔からのものらしく、入れ墨をした貝沢ぴい、るしのおばあさんの話を聞くと、嫌いな若者が乳房をさらけ出させようとしたら、メノコル（女性用の便所）へ逃げ

男性が作って女性に贈ったメノコマキリ

込んだ。そこまでは追いかけてこないし、男が入ってはならない場所であった。そして「好きな男だったらどうしたの」と聞くと、「うるさいなあ、それはそのときだべせ」と、大笑いの一幕であった。

恋とか恋愛とかをウウォシッコテ（ウ＝お互い、ウォ＝それ、シッ＝目、コテ＝つなぐ）といい、愛し合っている者同士はお互いから目を離すことなく、という意味になる。

女性の側からは愛の告白のために刺繡をした手甲とか鉢巻きを贈り、男性のほうからはメノコマキリを贈るが、意思表示の方法はこれだけかというとそうではない。

シノッチャエコイキ（歌責め）というやり方がある。恋愛とは相手から目を離さないことで、あの人がいつどこで何をしているか知っているのが恋愛というものである。そこで、女性が一人で山へ薪を取りに行っているとか、畑仕事に行っているとかを知っているのでそこへ行き、仕事を手伝って終わらせてから歌責めにかかるのである。

シノッチャ＝歌、エ＝それ、コイキ＝いじめる、でシノッチャエコイキとなり、歌でいじめるというのが本来の意味であり、ありったけの恋心を歌に託していい寄る手段である。大昔は文字もなく、相手に伝えることができるのは言葉がすべてであり、それも即吟、朗詠のできる即興詩人であらねばならなかった。

いうまでもないがこれは片思いの段階での話で、「私が贈ったあのマキリが貴女の腰に下がっていないのは、私のことを歯牙にもかけないでいるのかい。そうならそうといってくれれば私の考えもあるが、はっきりした返事をほしい」などなど、アイヌ語で声高らかに歌って聞かせる。

そうすると、女性のほうから、「貧乏な家の器量もよくない私のような者に対して、あのような立派な贈り物、本気で受けていいのであろうか。それで私はためらっている」というような歌を歌う。これらくどき言葉は、イヨハイオチㇱ（誰それの蔭に泣く）という言い方で、上手な人のくどき言葉は次から次へと受け継がれているものであった。

何はともあれ、マキリを一丁贈って美人妻となれば、思わず力も入って、彫刻の腕を競ったのが昔のアイヌの若者の姿であったのはまちがいない。

私の時代には贈り物も別の形になり、贈られてきたものも手甲とか鉢巻きではなかったが、贈り贈られる風習は残っていた。

名前をつける

結婚のことはウトゥムヌカㇻ（お互いのほうを見つめる、の意味）といい、つわりのことをヤイラッ（自分自身を見失う）、お産のことをウワリ（ウ＝互い、アリ＝おく）という。

自分自身を見失うほどつらい時期が過ぎてお産になる。お産のことをウヌワプテ（うなり声）という場合もあるが、正式にはウワリである。

お産が近づくとイコインカㇻクㇽ（産婆さん）に前もって頼んであるので、向こうから足を運んだりこちらから出向いたりして、準備を整える。

私は弟や妹が生まれたときは少年でありながら、その様子をかいま見たものだが、アイヌのお産では産座に近いほうにリエニヌイペ（高い枕）を、目の前にはタㇻ（背負い縄）の頭に当てる広いほうを力綱として下げてあった。

お産は夜のほうが多かった気がしたけれど、日中であれば男の子である私は追い出されて姉だけが母の近くにいることを許され、産婆さんを手伝っていた。

リエニヌイペに上半身をもたせかけ、力綱を両方の手でにぎり、産婦の下半身には単衣の着物をふわりとかけて、産婆さんはその下から何やらしていたものだった。

無事に生まれると、型どおりの手当てをするのだろうが、そこからあとは男の子は近寄れない。後産の処理は外にある便所の近くに穴を掘って埋めたが、冬はむしろなどに包み、イヌなどに持っていかれないように便所の屋根にのせていたらしい。

一週間は家の中も静かにしていて、それを過ぎるとロㇿオシライェ（床上げ。上座のほうへ行けるの意味）である。それまでは産婦は横座より上のほうへ行けないことになっていた。

ロロオシライェが終わると母がゆっくりゆっくり家の中を歩いていたものであったが、乳の出をよくするといって、ケネウセイ（ハンノキの樹皮を煎じた汁）を飲んでいた。この木は、ケムネ（血）になる、増血作用があるといって必ず飲ませていたのをみたもので、白玉の団子とニンジンをみそ汁に入れていた。白い白玉団子と赤いニンジンの組み合わせだったので、今も忘れていないのであろう。

さて、レコレ（命名）のことだが、明治に入る以前は戸籍もなかったし、生まれた子どもがみんな生きていてくれるとは思えないので、名前をつけるのを急ぐ必要がなかった。

命名にあたっては子どもの性格を見、親の希望を加味しながら名前をつける。私の父の名はアレㇰアイヌ（ア＝座る、レㇰ＝しゃべる・さえずる、アイヌ＝男・人間）であった。この男の子は上に六人の姉がいるので、座ってしゃべっている人、雄弁になれかしという親の願いをこめてつけられ、幸いにして名前負けすることなく雄弁な男であった。

村うちにイソンノアㇱという人がいたが、これはイソン＝狩り上手、ノ＝まったく、アㇱ＝私たち、という意味であったが、生涯クマの一頭も獲れない人で、名前負けした、と村人はいっていた。

また、近くの村に、ドママアシリ（背の高い、ドママ＝身体、アシ＝立つ、リ＝高い、しゃべるときはドナナシリ）という人がいて、親は背が高くなるようにと願って名づけたのだが、背の低い人であった。

女の子には畑仕事などで穀物をたくさん手に入れられるように、といい名前をつけた。祖母はてかって（テク＝手、アッテ＝多い）で、この子が生まれたので手が多くなったという意味である。伯母の名前うもしまてっ（ウ＝互い、モシマ＝別、テク＝手）は、私には新しく別の手が生まれたという母親の考えでつけられた。

昔は役場へ子どもの出生届を出しにアイヌが行くと、戸籍係は聞いただけでは男の子か女の子かわからないので、便宜上、男の子はカタカナに、女の子はひらがなに、ということになり、それが慣例になってしまった。

したがって、明治以前のアイヌの名前はアイヌ語をしっかり知っていないと男女の区別はつけにくいので、注意しなければならない。私の父は明治二五年生まれで、アイヌ語と日本語の二つの名前を持っていたが、明治末あたりでアイヌ語の名前はつけなくなってしまった。

今日では新たに自分でつけたアイヌ語での名前は別として、私の父のように二つの名前を持っている人はほとんどいないかもしれない。

女性では後ろのほうにテク（手）やマク（女）がつけられた名前が多いが、テクがつけられた例をあげると、てけとかん＝テクエトッアン（手の先にある）、はるあんて＝ハルアンテㇰ（穀物の多い手）、さんてっ＝サンテㇰ（出た手）などがある。

男性の名では後ろのほうにアイヌ（人・男）やクㇽ（人・男）をつけたものが多い。ニスㇰレㇰクㇽ（ニスㇰ＝神を頼む、レㇰ＝しゃべる・さえずる、クㇽ＝人・男）は、しゃべるのが遅い子どもであったので、神さまに頼んでしゃべれるようになった男、となる。

それを日本人学者は、ニス（臼）、レㇰ（しゃべる）、クㇽ（人）と訳しているが、神さまに頼んでしゃべれるようになった人が、臼がしゃべる人にされている。しかも、当のニスㇰレㇰクㇽからものを教えてもらった学者の訳なので驚きである。

アイヌの名前のつけ方には、親の愛情や願望がにじみ出ているが、それも消えていったのである。

引導渡し

アイヌ社会に肺結核が持ち込まれたのはいつ頃なのか私はよく知らないが、平取本町の、当時七〇歳過ぎのおばあさんであった鹿戸まりやさんから昭和三〇年頃に聞いた話の中に、肺結核のことがあった。

明治になって日本人が頻繁に平取へ出入りするようになってから、平取本町のあるアイヌが古着屋から一枚の古着を買った。その古着を着てまもなく、なんとなく体の具合がおもわしくなく、顔色は悪くなり日に日にやせ細り、とうとう死んでしまった。そして、その家族も次々と死んでしまった。

アイヌたちは病気の原因がわからず、ラウンヤイヌ（底にある病気）と名づけたが、その病気が村の中を渡り歩き、平取のアイヌがかなり死んでいったのである。

それが二風谷へも伝染して、アイヌが大勢死んだのが昭和一三年のこと。六〇戸足らずの村から一年に二七回の葬式があった、と大人たちは眉をひそめていたものであった。その病気の多くは肺結核で、一軒の家から数人の死者が出ており、この数字は、二風谷に生まれ育ち自らも何人もの子どもを亡くしている貝沢金次郎さんというおじさんが書き残した日記にも記されている。

昭和一〇年代の二風谷における葬式はアイヌプリ（アイヌの風習）によるもので、引導渡しは近所の男の役目。一年に三人以上の者に引導を渡すと、その役をした者が不運になると信じられていた。

したがって、次から次へとある葬式の坊さん役も大変で、一人で三人が限度と昔からの約束があるし、二七人となると九人の坊さん役が必要になる。しまいには、日本人の坊さんは年がら年中一人でやっているではないか、などといって、三人以上に引導渡しをするようになったのを聞いた。

この一人で三人までということが何を意味するかというと、しゃべれるからといって一人で多くしゃべると次の世代が育たないので、一人でしゃべることを規制した、いい取り決めであった。

引導渡しのことをイヨイタッコテ（イ＝その人に、オイタッ＝言葉、コテ＝つける）といい、その人に言葉をつけるということは、先祖の国への道順を教えるということであった。

これがまたむずかしいもので、相手が年をとっていればいるほど、本人の生い立ちから始まって、大勢の弔問客が聞いているそばで弔辞を兼ねて朗々とやらねばならないのである。祖父母の名、そして実の父母の名、イルラクワ（送りの墓標）、墓標の樹種、送りの水の神、持っていくことになっているおみやげの数々、という具合であった。

死にそうな病人がいると、その人のために話の上手な人をここでは使わずにとっておいたり、老人のため、若者のためなど、本当に大変なことであった。

一番手、二番手、三番手、そして次の若者に順番が回り、みんなの前できちんとしゃべることができたら、村人から認められることとなり、発言の場が与えられる。

村おさの条件である雄弁を使うことで若者を鍛えて次の世代を育てた昔であったが、今の時代はどうであろう。葬儀委員長は村うちであれば町長か町会議員に決まっていて、次のものがなかなか育つ風潮にない。

アイヌの生活史のうちで最も大切なのは、やはり私の目で見てきた過去の葬式の様子であろうと思うので、このことについてはていねいに記したい。

アイヌは今ここで死んだとしても、神の国つまりこの大地の裏側にここと全く同じ土地があり、そこには先に死んでいった先祖たちが待っていると信じていた。したがって、引導渡しのとき、たくさんのおみやげを持って神の国に待っている先祖たちのところへ行くようにすれば、先祖たちがあなたを快く迎えてくれるであろうという意味の言葉がある。

神の国への先導役はイルラクワ（送りの墓標）で、その墓標の先端には火の神さまの分身とされている消し炭が塗られている。消し炭は光を発すると考えられていて、死者は墓標の先の光で足下が照らされ、迷うことなく先祖の待っている神の国へ到着する。するとと神の国の者たちは、墓標の先に巻いてあるウトキアッ（四つ編みのひも）を見て、身内であるか否かを識別して迎え入れるのである。

このような具合に、死そのものは誰しもいやであるけれども、死んだあとあとのことも筋書きができていて、年をとっても死に対しての恐怖心を和らげているような気がする。祖母の場合がそうであった。本当のアイヌの風習による葬式をした、かつての老人たちのことを思い返すと、彼らが自分たちの死後の世界を深く信じていたことをうかがい知ることができる。

これまで私は、昭和四二年に最後の本物のアイヌの葬儀としておこなわれた二谷ウパレㇰテさんのときまで、数十回にわたって葬儀の墓標づくりに参加してきた。そのあとも、平成四年二月の貝沢正さんのときは本人の遺言で、アイヌの墓標とアイヌ語での引導渡しが実現した。このようにみんながアイヌの墓標での死の旅を希望してきたのである。

墓標づくりで大事なことの一つに、墓標伐りは口聞くな、というのがあって、材料伐りに行ってこの木がいいとか、あの木がいいとかいうものではなかった。選ばれた木はいいとしても、選ばれなかった木が墓標になりたがって、続けて人が死ぬことも考えられていたからであった。

もう一つつけ加えると、

「タパン　クワ　タパナㇰネ　チヌカラアイヌ　テケカラクニプ　シネプカイサム　テエタオイナ　オイナカムイ　テクルコチ　アコイカラペ　ネヒタパンナ（これこの墓標　このものは　私たち人間が　作ったものは　一つもない　その昔のオキクㇽミ　その神さまの　手の跡を　そっくりまねて　私たちは作った）」

という。

葬式の数々の道具の作り方をまちがえると、作った者たちにたたりがあると信じられていて、墓標を含めてこれらのものはオキクㇽミカムイ（アイヌに生活文化を教えた神）の教えにしたがって作ったものである、とつけ加えた。つまり、作ったものに災いが降りかからないように、とあらかじめ逃げを打つことを忘れなかったのである。

ついでにいうと、「ライヘネヤ　モコロヘネヤ　アコンラム　シッネカネ　タナクカネ（死んだのか眠ったのか　私の思いが　もつれてしまい　でこぼこになり……）」という言葉がある。これは身体から抜け出た魂が、かつての自分の身体であった死体を他人事のように見ている様子を表しており、しばしば出てくる言葉である。

そこで引導渡しはどのような言い方でおこなわれるのか、日本語訳のみを少々長くなるが、ここに記しておくことにする。

［墓標を作った当日、火の神への報告を兼ねて認知を求める］

クワアフンケ（墓標を家の中へ）　アペサムタ（火の神のそばで）

国土を司る神　涙を持つ神　尊い御心に　遠慮をしようと　私は思って　いるけれど

今日のこの日　先祖の風習　涙のしぐさで　あるがゆえに　いたらぬ私だが　お互いを大切にする　それゆえに　祖父が作った墓標　といいましても　外の祭壇　祭壇のところに鎮座した神　樹木の神　神の勇者　霊力のある神を　私どもは頼み　樹木の神　その神々が　霊峰に　山懐に　大勢いるが　そのなかでも　雄弁と　度胸と　薫りとともに　信頼

され　授けられた神　エンジュの木の神　神の勇者を　私どもは　信頼して　これこのように　先祖の墓標と　申しましても　私どもアイヌ　人間自身が　作ったものは　一つもない　これこのものは　アイヌの先祖　オキクㇽミ神が　教えてくれた　その手の跡をまったく同じに　作った墓標が　この墓標だ　墓標の上端に　火の神さま　その印を　塗ってあり　墓標の下端に　祖母の印を　巻きつけた　それといっしょに　墓標の表面　名前もあわせて　書いてある　立派な墓標　この墓標は　頼んだ神と　まったく同じに　鎮座させた　これこのものは　いうまでもないが　ニスㇰレㇰクㇽに　授けたのだ　ここまでは私どもの　仕事であったが　これから先は　火の神さまが　墓標の神に　いい聞かされ　それといっしょに　亡くなった　私の兄にも　いってほしい　と私は思い　遠慮とともに　尊い御心に　私の希望を　申し述べた

［墓標を作った当日、亡くなった本人に立派な送りの神、墓標を作った報告をする］

クワアフンケ（墓標を家の中へ）　ポネサムタ（死者の枕辺で）

フォ　私の兄上よ　ニスㇰレㇰクㇽよ　恒例のことで　火の神さまの　いった言葉をよく聞いて　おられると　思うけれど　先祖の風習で　あるがゆえに　遠慮とともに　私のほうから　貴方に対して　少しだけ話をしたい　先祖の国へ　帰る貴方　その行き先を

私どもが案じるがゆえに　葬送のために　送りの墓標と　申しましても　外の祭壇　祭壇の傍らに　鎮座した神　樹木の神　神の首領　その霊力を　私どもは信頼し　樹木の神と申しましても　霊峰の上に　狩り場の上に　数は多いが　そのなかで　度胸から　雄弁まで　薫りをも　兼ね備えた　樹木の神　エンジュの木の神　神の勇者に　私どもは　お願いをし　先祖の墓標　霊力のある墓標　墓標の上端に　火の神の印　神の印を　塗ってあり　墓標の下端に　祖母の印を　巻きつけて　これこのものは　作った神と　まったく同じに　私どもは作り　これこのように　貴方のそばへ　持ってきて　鎮座させ　貴方に授ける　ここまでは　私どもの仕事だが　これから先は　火の神の守護　それとあわせて墓標の神の　教えにしたがい　それらのことに　耳を傾け　いうまでもないが　祖父にしても　祖母にしても　立派な方々で　あったがゆえに　それを誇りに　されておられた貴方であった　早く明日になってくれると　先に亡くなった父や母や　そして貴方の妻にも　そして先に死んだ息子たち　娘たちにも　会えること　山ほどのおみやげを　持っていくことが　できるであろう　祖父たち　先祖たちに　喜んで迎えられる　そのことだけを　心して　いてほしい　今はすでに　神であるから　後顧の憂いを　持つことなく　いつまでも　明日の日が　よい凪《なぎ》に　恵まれて　貴方の出発　貴方の葬儀が　あるであろうそのことだけに　心を定め　自分の行く道筋だけに　思いを走らせるように　そのことを

遠慮とともにではあるが　先祖のしぐさで　あったがゆえに　私は貴方にいい聞かす　遠慮とともに　このことをいいます　私の死者よ

［葬式の当日、火の神へ死者が無事に先祖のところへ行けるように教えてやってほしいという］

イヨイタッコテ（引導渡し）　アペサムタ（火の神のそばで）

火の神さま　国土を司る神　涙を持つ神　遠慮とともに　ではあるけれど　私は礼拝する　それとあわせて　これこのように　亡くなられて　ニスクレㇰクㇽ　その葬送を　ていねいに執りおこなうとて　遠くからも　大勢の方が来られ　この家の甥たちや　私の子どもたち　いうまでもないが　孝養の心が　そろっているので　神々が好むもの　先祖が好むもの　買ってきた酒　少なからず　タバコにいたるまで　たくさんの食べ物　と申しましても　煮た食べ物　おいしいもの　上等な食べ物　これほど大量に準備され　二日にわたり　三日にわたって　飲食の宴　食の供養　くり広げられ　これこのことは　亡くなった方　人並み以上に祖父の霊力　祖母の霊威　誇りとしていた　私の兄上　ニスクレㇰクㇽ　という人であった　そこで今から　亡き人の行く先　先祖の名前　父親の名は　ヌサトランという　母親である方　その名前は　うのされ　という　そのご両親が　おられ

るところへ　たくさんのみやげ　それらを持って　先祖のもとへ　到着されたら　先祖の国では　二日にわたり　三日にわたって　飲食の宴が　食の供養が　くり広げられ　その宴により　この人の祖父や　この人の祖母が　この人をほめて　くれるであろう　私がいった　これらの言葉は　恒例にしたがったが　火の神である　貴方の指示に　誤りはないはず　そしてその次　いたらない私ども　亡くなった兄を　案ずるがゆえに　送りの神送りの墓標　と申しましても　外の祭壇　祭壇のそばに　鎮座する神　樹木の神　神の首領　数多い中から　選びに選んだ　神の仲間が　霊峰に　狩り場の懐に　大勢いるが　その中から　度胸から　雄弁まで　兼ね備えた　神の中の神　エンジュの神　神の勇者に葬送の儀の　すべてを託し　祖先伝来の墓標　墓標の上端へ　火の神の　印である　消し炭を塗り　その下のほうは　祖母の印のひもを巻きつけ　墓標の表面に　印といっしょに死者の名前を　書き記した　これこの墓標は　頼んだ神と　まったく同じに　私どもが作り　死者に授けた　それとは別に　樹木の神と水の神は兄弟なので　川の流れ　流れの中に　鎮座する神　水の神　神の勇者　その神の　霊力をも　私どもは頼み　水の神　その孫と　位置づけられる　水の神　霊力の流れ　その流れにより　人間が育つ　私どもの飲み水　と申しましても　神の淑女　水の神にも　送ってもらう　それと合わせて　火の神さま　神の召使い　大勢おられる　その中から　お選びになり　雄弁から　度胸をも　兼

ね備えた　者を選ばれ　神の国まで送るように　いいつけてほしい　そうすると　亡くなった兄は　墓標の上端を　手でにぎり　墓標が行く　その足跡に　足を踏みしめ　祖父が作った道　その道の上を　急いで行こう　そのことばかりを　どこまでも考え　火の神さまの　ご守護があり　火の神さまの指示に従い　神の国へ行くであろう　遠慮とともにではあるが　尊い御心に　私はお願いを　申しあげるものである　私自身は雄弁ではない者であるがゆえに　二つの言葉を三つの言葉を　いい足りない部分もあったであろう　そこはえらい神である貴方のほうで補ってほしい　火の神のご守護があると　この死者が立派な方であった　この方が亡くなった後に化けて出たとか　そのような話が出ないようにということ　貴方のご守護がありますように

［葬送の当日に火の神のいう話をよく聞き先祖のところへという］

イヨイタッコテ（引導渡し）　ポネサムタ（死者の枕辺で）

私の兄上　ニスㇰレㇰㇰㇽ　いつものこととて　葬送の儀で　恒例に従い　火の神さまが　いわれる言葉　その言葉に　耳を傾けて　おられることは　知ってはいる　いたらない弟である　私ではあるけれど　尊い御心に　ものを申すことに　なったけれども　貴方のそば近くへ　目を伏せつつ　顔をうつむかせ　そうしながらでは　あるけれども　引導

渡しの儀を　仰せつけられ　遠慮しながら　貴方に対して　引導渡しをさせていただく
なぜに　先祖亡き後　兄である貴方が　成長過程で　健康な身体で　あってくれること
父母たちが　亡くなった後　いつまでも　父親代わりに　頼りにしようと　考えたのは
私一人の　考えでは　なかったはず　貴方自身は　若いときから　意地のある言動　持っ
ておられた　そのことに期待した　私どもであったけれど　どんな魔物に　魅入られたと
いうことなのか　二度も三度も　重い病気を　それだけでも　兄上に私どもは　同情を
していたが　どんな化け物に　取り憑かれたのか　呪われたのか　何年も何年も　長い年
月　病の床に　伏すことになり　不運続きの　貴方であった　その間に　大勢の人たちが
できる限りの　手当てを施し　回復を　願っておられた　それだけではなく　今の時代に
私どもが　神のように　薬といっしょに　頼りにしている　別の国の人　和人の方々　で
あるけれど　その人たちの　力を借りたが　快方に　向かうことが　できなかった　人を
呪うものが　どこまでも　その行為を　曲げようとしなかった　その反面　火の神さま
これほど偉い神も　手におえずに　これこのとおり　身内とともに看護を重ねたが　貴方
が亡くなった　いうところの　村の不幸　国土の不幸に　なってしまい　いいようもな
いけれど　この葬送に　この不幸に　聞いた人たちは　感心なことに　近くの方々　遠く
の人々　神とともに　女の方たち　神とともに　この家のために　来て下さり　一昨日か

ら　昨日に続き　そして今日まで　手伝って下さった　今はすでに　神の姿に　なられており　一部始終　見えないこと　聞こえないことは　ないだろう　その次に　今日のこの日が　よい凪の日として　選び恵まれ　これこのとおりに　貴方の出発　神の国へ　先祖の国へ　行かれることに　なっているが　よいみやげを　みやげを山ほど　お持ちになりさあ早く　先に行った　貴方の妻　貴方の子ども　そこへ行くぞと　それぱかりを　念頭におかれ　自分自身の　心を落ち着け　あってはならないこと　化けて出るとかという話だ　そこで　私の兄上よ　いつものことだが　首領であった貴方ゆえに　火の神さまのいう言葉に　耳を傾け　送りの神　送りの墓標や　諸々の神とともに　たくさんの人たちが　貴方の出発を　見送るために　ここへ来て　見守っているよ

ここに書いた葬式に関する一連の言葉は、昭和三五年二月、二谷ニスクレックルさんの葬式のときに実の弟である二谷ウパレックチさんがいったものを私が録音したテープから訳出したものである。

アイヌの葬式

引導渡しを先に書いてしまったが、アイヌが考える死とは何か、死後の行き先とはどこ

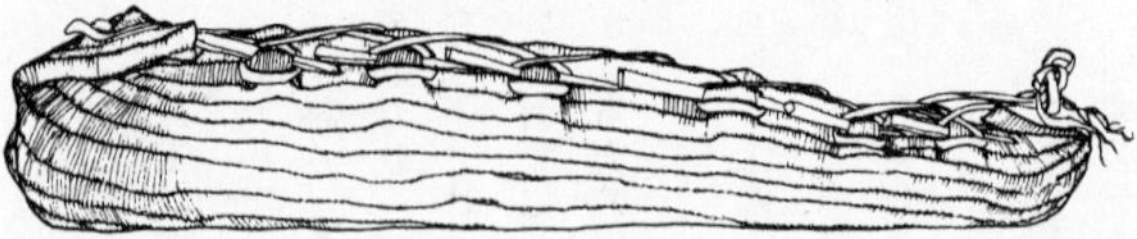

ござで包んだ遺体チシナオッ

か、などを知ってもらったほうが書き進めるのに都合がいいかと思う。

葬式について最初に私が記憶しているのは、昭和六年か七年のことであっただろうか。その部分だけ鮮明に記憶に残っていることの一つだが、母方の実家である門別村山門別で叔父が亡くなり、母といっしょに行ったときのことである。

当時の二風谷村の棺桶は板で作った寝棺であったのに、山門別ではアイヌ風の葬式で、チシナオッ（ござで包んだ遺体）の二カ所に縄をつけて棒を通し、二人で担ぐ。担がれた遺体の前のほうは揺れないが、足のほうはなんとなくブランブランと揺れるのを見て、その揺れ方が恐ろしく忘れられない。本物のチシナオッを見たのも最初で最後であった。

チシナオッを恐ろしいと思ったもう一つの理由は、ウウェペケレという昔話の中で、死んだ妻がござに包まれた遺体のままで生きている夫のところへ来た話を聞いていたからである。真っ暗な夜、このような姿の遺体がピョンピョンとウサギ飛びで一歩ずつ跳んで来たらなどと想像しただけで怖かったから、忘れられなかったのだろう。

葬式のことをキモヌパ（山へ掃き出す）といって、アイヌは埋葬した場所では亡骸だけが残り、魂そのものは先祖の国へ行っているものと信じていた。したがって、墓参という風習は日本人が来て日本風の葬式をするようになってからのことである。それはそれとして、村の中で誰かが亡くなったと聞くと村人が集まってきて、それぞれ役割を分担し、手落ちのないように葬儀の準備をするが、一方、死者の家族としての心得もある。

それは、万が一に備えて夫のためにあるいは自分自身のために、一家の主婦として死に装束は普段は人目に触れさせなくとも必ず準備するというもので、それがカッケマップリ(淑女の役目)とされていたものであった。

もし夫が急死した場合に、妻としてその用意をしていなかったら、その場では誰も何もいわないが、必ず後々まで陰口の材料にされる。いうまでもないが、主婦自身が亡くなったときに本人用の死に装束がそろっていないこともよくないことで、どんなに貧乏していても、これらを準備しておくことは淑女のたしなみとされている。

男性用であれば新しいテパ(ふんどし)などから肌着、着物、女性であれば忘れてならないものにラウンクッ(女性のお守りひも)などであった。それと墓標に巻くためのウトキアッ(四つ編みのひも)、これは先祖のところへ着いたときに目印になり、迎え入れてもらうための大切な印になるので忘れてはならない葬具である。

祖母てかってが死んだときに持っていくものとしてしまってあったタンパクオプ（タバコ入れ）は今であれば相当の値打ち物であったが、それを棺に入れることは当然のことで、針仕事の道具などといっしょに納棺したのを見た。

死に装束

死に装束はウシピネレ（ウ＝互い—それ、シピネレ＝装束をつける）という。私が書いた『アイヌ語辞典』には次のように書いてある。

ウシピネレ　死人に死に装束をつける。ケライ　カッケマッ　ネ　アクス　タプネ　テクンペ　ヘネ　ホシ　ヘネ　ラウンクッ　ヘネ　ネプ　ネ　ヤッカ　ウウォマ　ノ　アン　ウシピネレ・アン　エアシカイ＝さすがに淑女であっただけに、手甲も脚絆も貞操帯も全部揃っていて死人に装束をつけるのもやりやすい。

心ある一家の主婦というのは、家族に万が一のことがあっても戸惑うことのないように、ある程度の死に装束は準備しておくのが美徳とされている、と書いてあるのである。というわけで、誰かが亡くなったら身内の者で湯灌をし、下着から上着までつけるが、一番上の長い着物は襟の後ろの部分を、仰向けに横たえてある死人の顎のところへくるように着せる。

その上へ、カパㇻアミㇷ゚またはチカㇻカㇻペという、刺繍した着物をふわりとかけ、顔には白い布を、その上から黒い布で鉢巻きをして、足にはかせる白足袋は右と左をあべこべにはかせる。この足袋のあべこべは子ども心に不思議に思え、あれなら歩けないよなあ、と何回もそんなことを考えながら見たものであった。

刺繍した着物をふわりとかけた後で、ポネオッカシ　アエトムテ（遺体の上を飾る）といって、男性であれば遺体の左脇腹の辺りへ刀を一振りそっとおく。女性であればタマサイ（玉飾り）を胸のところへおくことになっている。

この刀も、その家にある中で最も上等のもので、玉飾りも本人が持っているもののうち一番きれいなものを飾ることになっている。

昭和一一年か一二年頃、貝沢れすのてっというおばさんが亡くなり、祖母てかってが持っていた玉飾りを出棺までの間として貸してあげた。ところが出棺のときに遺体の胸から玉飾りを取らずに納棺し、埋葬してしまった。

さあ大変、貸した祖母のところへ玉飾りは戻ってこないし、だからといって一連の玉のためにいったん埋葬した遺体を掘り起こすことはアイヌの風習として絶対にできない。それを知っている祖母は、いうところの泣き寝入りとなったが、あきらめきれずに何日も何日も泣いたものであった。

話が少々横へそれたが、ウシピネレが終わると初めて弔問客を迎える。遺体は入口を入った左側に安置し、その足下のほうに、墓標を斜めになるように壁にかけて下げる。昭和一〇年頃の様子でも、遺体の枕元にはろうそくが灯され、線香を立てるものもあって、一人一人が線香を立てて両方の手を合わせて礼拝し、小さな鈴もおいてあったのを覚えている。

弔問に行く

弔問のことをアスッタサ（アスル＝噂、タサ＝向かう）といい、噂に向かっていく＝死んだという話が聞こえた方角へ行く、という意味になる。弔問とは、噂を聞きつけ、本人の意思によって行くというわけである。

人が亡くなった家のことをウェンペウシ（悪いことがあった家）といって、その家の前へ行ったら女性たちは、家の外で、一番上に着ている着物の帯を解き鉢巻きを取る。髪をばらっと前へたらし、腰を曲げて、両方の手をひざ頭に当てるようにして、ライチシカラ（人が死んだときに泣く泣き方）で声を出して泣きながら、村人が行列して家の中へ入る。

先頭になって入った男がポネケゥェホムス（死者に対するねぎらいの言葉）をいうが、この場合も弔辞を兼ねていうものである。

女性たちは安置してある死者の脇のほうを座りながら体を移動させ、喪主に近づいて亡くなった人の思い出などを語りながら、慰めの言葉をかける。このことをチソロイタッ（チシ＝泣く、オロ＝それ、イタッ＝いう）といい、このときのことをウムライパ（ウ＝互いに、ムライパ＝抱き合う）という。相手の頭や背中に手をまわし、お悔やみをいうことからきているが、この風習は昭和一〇年前後はいうまでもなく、昭和三〇年頃まで残っていた。

喪主は亡くなったのが夫の場合は妻、妻の場合は最も近い身内、長女とか長男の嫁がなり、喪主は死者の頭に近いところに座っていて、一人一人から泣きながらねぎらいの弔辞を受ける。男性は同じ喪主であっても、ウムライパの場所には座らずに、ウテㇰルイルイパ（手を取り合う）程度のところに座ることになっていた。

私の身内のことをいうと、祖母てかってのときはその長女うもしまてっ、父アレㇰアイヌのときは母はつめが、母はつめが亡くなったときは長女とし子が喪主の座に座った。

昭和一〇年代に次のような話があった。隣の村ペナコリへ二風谷から弔問に行ったときに、代表の貝沢久之助さんが、弔問のときに「クコロたぬむけ　カボチャ　カセ　キャベツカセ」という言い方をした。この意味は、私の妻たぬむけはカボチャもキャベツも背負ってきたということで、いっしょに行った村人は恥ずかしかったという人と、それが当たり前という人と賛否両論であったという。

このように、キャベツやカボチャ、ヒエの精白など、香典の銭とは別に行った先で自分が食べる分を持って弔問に行くのが礼儀であり、ふつうにおこなわれていた。そして他の村からの弔問客が帰った後に出棺となった。

一膳飯

出棺近くなると身内の者が最後に死者に供えるための、アエアシプアマムという一膳飯を炊いて、亡くなった人が日頃用いていた茶碗に山盛りに盛って仏前にあげた。

このご飯はイナキビと米を混ぜて炊いてあり、山盛りの上のほうにイナキビが見えるようにし、その上から白砂糖をたっぷりかけて箸を一膳まっすぐ立てる。それを出棺の少し前に身内の者が一口ずつ分けて食べるものであったが、この風習も不衛生ということでいつの間にやら消えてしまった。

家では出棺の準備が整えられる一方、年長の者一人と若者が四、五人、墓穴を掘りに共同墓地へ行き、なるべく先に死んだ身内が埋葬されている近くに掘る。

二風谷の墓地は高い台地にあって、人間の背丈ほどの深さに掘っても水は一滴も出ないので、ふつうは六尺近くは掘ったものであったが、昭和四〇年代から火葬がふつうになった。

墓穴を掘ることをドシㇼオウリ（墓穴掘り）という。掘り終わったら一番最後まで掘っていた者の足跡をハギのほうきで消し、持っていった茶碗にクンネトイトイ（黒土）を盛っておくことになっていた。

墓穴を掘った人たちは葬列が来る前に戻るが、道が二股に分かれているところでは、柴をおいて道をふさぎ行き先の間違いのないようにしたものであった。

出棺

引導渡しの言葉を終えると出棺となり、二風谷アイヌが俗にトイピラ（土の崖）と呼ぶ地名の墓場へ行く。昭和五年頃すでに二風谷では板で作った寝棺であった。

掘っておいた墓穴の両脇に立った男たちが、それぞれの手にある縄で静かに穴の底へ棺を下ろし、手に持っている縄を必ず鎌でプツンプツンと切って穴の中へ入れる。この縄を切った瞬間はなんとなく、この世とあの世の別れと思う一瞬であった。その後に身内の者が最初に手で土を数回ずつ入れ、それを見てからスコップで砂を入れる。

穴の深さを見ていた年長の人が頃合いを見て墓標を立てるが、立て直しはよくないとされているので、一回で決めることになっていた。

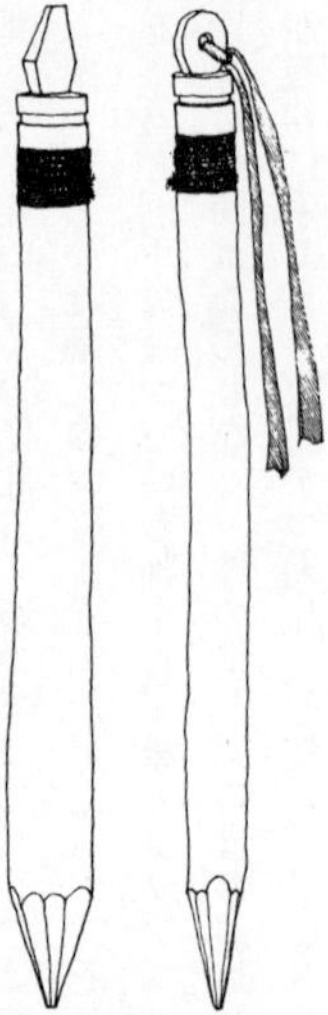

男性の墓標（左）
女性の墓標（右）

土饅頭ができたら、取ってあったハギのほうきで両方から土饅頭をひとなでし、そのほうきをポイッと投げる。

そこで初めて墓標の前へ年長の男が座り、手に水をつけ、取ってあった黒土をべったりと手につけ、その手で墓標の表面をなでながら、シチシ（本当の泣き声）で、フーン、フーンと声を出して泣くものであった。これはクワムライパ（墓標をなでる）、あるいはシチシといって葬式の行事でも大事な場面であり、必ずしていたのを何回も見たことがある。

ここでいっしょに行った人たち一人一人が線香を立て、手を合わせて礼拝する。そして後ろを振り向くことなく、みんなが戻るが、墓地の下にある橋のところに人が待っていて、水と塩で清めてくれたものであった。

古い時代は墓参りという風習はなかったので、この後に墓地へ行くようなことはめったになかったが、日本風になってからはお盆にはみんなが墓参りをするようになった。

私の身内のことをいうと、母は火葬であったが、父は土葬であったので、遺体を掘り返して火葬にし、新しい墓に納骨した。アイヌプリ（アイヌの風習）とシサムプリ（日本人の風習）の間に生きたわけであり、思いは複雑である。

第五章　アイヌの心をつづる

走る燠き火

昭和一〇年代はどこの家も貧しく、とりわけわが家は二風谷で一番の貧乏であった。何かおいしいものがあると、近所のおばあさんのところへ持っていくが、夜であれば食べ物の上へ燠き火を一個ぽとんとのせた。

その食べ物がイナキビの団子であっても魚汁であっても、燠き火だけは必ずのせることになっていた。これは魔物が毒を入れないように火の神に守ってもらうためであった。団子であればのせた燠き火はすぐには消えないので、兄たちがお椀を持ってくるのを脇から見ると、赤く見える燠き火だけが走っているように見えたものであった。

お椀を受け取ったおばあさんは一粒の燠き火を見て、これさえのっていれば安心という顔をして、その燠き火を火箸ではさんで炉の中へぽいっと落とし、はいごちそうさまという具合であった。行った先のおばあさんがほめるのが上手であれば、その家へ行くのに兄たちと先を争い、なるべくその家へ行きたがったものである。

一人住まいの老人の世話は地域の共同責任という気風が生きていた時代のことであった。

地震のとき

地震のことをシㇼシモイェ（シㇼ＝大地、シ＝自ら、モイェ＝動く）という。大地が自ら動くという意味だが、大地の下には大きな魚がいてそれが長い間動かないでいると腰が痛くなり、寝返りをしたときに地震が起きるとアイヌは信じていたのであった（魚はアメマスであるという）。

地震が起きるとアイヌの女性はペウタンケという叫び声で「ウォーイ、ウォーイ」と叫びながら、入口にいつでもおいてあるイユタニ（手杵）を手に持って屋外へ飛び出る。その杵で「エイッケウェコッケ（おまえの腰をおれはつく）」といいながら力いっぱい大地をつき、男のほうは手元にあるアペパスイ（火箸）を両手で持って炉の灰の中へぐいっと突き刺す。

エイッケウェコッケのまじない言葉をくり返し、女は魚の腰の痛さを和らげようとし、男は火箸で魚の腰を突き刺して、動きを止めようとするわけである。

そのまじないを目の当たりにしたのは昭和二七年の三月、十勝沖地震のことである。真っ先に家から飛び出したのが私で、次に母が出てきて雪の中へ座り込んだ。昔はたいていの家がそうであったが、薪ストーブの前に炉鍋が埋め込まれてあり、父は高い声でまじない言葉をいいながら炉鍋の中へ火箸を突き刺し、とうとう外へ出なかった。

今思えば、父は本気でアイヌの風習を信じかつ実行した人であった。

まじない言葉

アイヌの社会でも人の悪口をいう人はいる。それが男女間のいざこざなどありふれた世間話なら聞き流していいわけだが、聞いただけでも縁起の悪い話もある。たとえば、モシリシンナイサム（ウシのような化け物）を誰それが見たなどというと、聞いただけでイコマウコウエン（巻き添え）を食いそうだ。

そんないやな話を聞いたときは、言葉を浄化させるまじない言葉として、トンチカマニチョロポク　アクシテワ　アヌオルシペ　ネハウェネワー（この話は敷居の下をくぐらせて聞く話だよ）というと、聞いた者にはさしさわりがないとされていた。

敷居といっても昔の家は戸を走らせるものではなかった。モセムという玄関の空間と母屋の間に横にしてある棒のことで、いつも人びとがそれをまたいで出入りするものであった。それをトンチカマニといい、その下をくぐらせて聞くといやな話も浄化されると信じていたのである。

もう一つ、まじない言葉の話をする。「出針」という言葉が一般的に使われているかどうかわからないのだが、朝仕事に出る前に針を使うことを出針といって、アイヌは嫌う。

出針をする主婦はよい主婦とはいえず、仕事に行く前は、前の日から夜のうちに準備しておき、朝になってあわてて縫い物をすることのないようにするのが、主婦の心得であった。

それがやむなく針を使うときは、針に糸を通してから、まじない言葉として次のようにいうことになっている。

「ピシタ　フンペヤンヤッ　アイエワクス　カシコパシクス　クソイネクス　ネアプ　セマパオッタ　サッマケオコッ　クミピヒ　イキリ　ヘチャウエクス　クイキシリネナー（海辺でクジラが寄り上がったという話なので　そこへ走っていこうとして　入口まで出たら　入口に　萱を押さえてある柴にひっかかって　着ている着物にほころびができたので　縫っているのだよ）」

こういいながら縫うと災難にあわないですむとされていた。これは二風谷の話である。

隣村のペナコリでは、

「アウンフチ　イサム　ヤッアイエクス　カラパクス　クソイネアプ　モセムオッタ　サッマケオコッ　クミピヒ　イキリ　ヘチャウエクス　クイキシリネナー（隣のおばあさんが亡くなったというので　行こうとして入口まで来ると　玄関に萱を押さえる柴に引っかかって

私の着物の縫い目がほころびたので　私は針を使っているのだよ）」

といった。

ついでに針のことをいくつか。アイカプメノコ　ヌイトタンネ（針仕事の下手な女は糸が長い）という。これは悪口のたぐいで、針に通した糸があまり長いと仕事がしづらいぞ、という教えである。

また、アイカプメノコ　ホクフ　ノカサマ　オッケ（針仕事の下手な女は夫の睾丸を針で刺す）とは、縫い物の下手な女は糸をもつれさせて、糸のついた針をあらぬ方向へぎゅっと引っぱってしまうことをからかっているのである。


子どもの手にできるいぼのことをアイヌ語でエルムタンプ（ネズミの倉）というが、いぼを落とすあるいは消すまじないは、ヘビの脱けがらの皮をいぼにこすりつけるというものである。こすった皮を誰にも見られないように土に埋めると、いつの間にやらいぼは落ちてしまうとされていた。

かなり前のことだが、私の姪の厚子が手にいぼができたので、人目につかないようにこのまじないをしてあげたら、いつの間にかきれいに治って本人も喜んでいたものであった。

エルムタンプの意味はネズミのいる倉ということのようだが、子どもの遊びの一つに次のようなものがある。

多少湿った土の上へ左手をおき、その上に土を盛り上げて右手でたたく。そうしながら、エルムターンプ　エルムターンプと遊び歌を歌う。土がやや固まりそっと左手を抜くと、ちっちゃな穴ができる。ほら、エルムタンプができたよ、と。

ネズミのことで思い出すのは、おばあさんたちがウウェペケレ（昔話）をしていて、来客などがあってそれを途中で止めようとすると、エムコエルムイェナ　イェワオケレ（残りの半分をネズミがいうからいい終わらせよ）と、必ず最後までいい終わらせたものであった。

なんだそのざまその姿

昭和一五年の冬のこと、二風谷村での交通事故死第一号であったかもしれない事故が起き、村中が大騒ぎになり、村人たちが集まってきた。

わが家から数十メートルのことでもあって少年である私も走っていくと、まだ四、五人の人がいるだけで、そこへ走ってきたのが貝沢うかたしぬというおばさんであった。

おばさんは、道路に横たわっている死人を背にして腕まくりをし、右腕をぐっと突き出しながら、フムカッポへアン、フムカッポへアン、と何回もいっていた。

これは、なんだそのざまその姿、なんだそのざまその姿という意味で、アイヌの風習として、変死人に対面する場合は急に前向きで対面してはならないことになっていた。

亡くなったのは貝沢良助さんという人で、続々と村人が集まってきた。手に持っている灯火は、家の中にぶら下げてあったランプであったことなどが忘れられない。

この事故は平取からトラックの荷台に乗せてもらってきたところ、自分の家を通り過ぎたのであわてて車から飛び降りたためではないかという話であったが、真相はわからない。

事故現場に近いところにわが家があって、その時間に誰かの叫び声を母が聞いたというので何回も平取の巡査駐在所に呼ばれ、迷惑そうにしていたのを覚えている。

村おさの条件

昭和一〇年代、アイヌの村二風谷でコタンコロクㇽ（村おさ）的な存在はというと、人格、識見ともにすぐれた人として貝沢シランペノさんであっただろうか。当時はすでにアイヌ的な村おさの選び方はしていなかったはずなので、子ども心になんとなくそう思っていたのである。

この方は今でいうと高級乗用車的なウマ、俗に道産子という、体は小さいが足の速いウマに乗って歩いていて、その毛色は月毛であったことを覚えている。

さて、昔の村おさの選び方は何を目安にしたかというと、シレトク（器量のいいこと）、ラメトク（度胸のいいこと）、パウェトク（雄弁であること）の三つが条件であった。

第一のシレトッコロクル（器量のいい人）というのは、一族郎党あるいは村を代表する者がなるべくは醜男ではなく、体も大きく、いい男であってほしいということ、第二のラメトッコロクル（度胸のある人）というのは、かつては狩猟民族であったアイヌにあってはクマ狩りに行っても村人の先頭に立って危険に立ち向かってほしいということ、第三のパウェトッコロクル（雄弁な人）というのは、村と村とのいさかいや、個人対個人の争いを口一つでイレンカドイェ（もめごとを解決する）する雄弁さが必要であるということであった。

それで村おさは気力、体力ともに必要なので、せいぜい四〇歳代後半までであり、世襲ではなく次の村おさにふさわしい人を村人が相談のうえ、選ぶことになっていた。

二風谷村の場合は、村おさのために広い家が必要であったので、村人みんなで大きな家を建ててその家に住んでもらい、ポロチセウンクル（大きな家に住む人）という言い方で敬意を表していたという。貝沢ウマカシテさんが自分の先祖がかつてのポロチセウンクルであったと聞かせてくれたものであったが、あまり詳しくは覚えていない。

何はともあれ、ウウェペケレ（昔話）の中でのコタンコロクルの役目は、ユクネチキカ

ムイネチキ　アエアゥナルラ（シカとかクマの肉を隣へ運ぶほど私は狩りが上手だ）というものであった。

してみると、村人のうちで食べるのに困っている者がいたとしたら、その家へ肉や魚を持っていってあげるほど狩りが上手でなければならないというわけであった。

参考までに私の先祖のことをいうと、私から数えて五代前のアワアンクㇽと四代前のイニセテッモは村おさであったが、三代前のドッカラムは村おさではなかった。父アレクアイヌは雄弁であったが、酒好きなのとけがのために片方の目玉がないので失格かもしれない。私自身は町会議員五期、国会議員四年間をつとめたが、はたして村おさとしてはいかがなものだろうか。

新築祝い

家はチセといい、もとはチセッ（チ＝私たち、セッ＝寝床）で、しゃべるときはチセとなる。

チセはアイヌの家にのみ用いるのではなく、ハチの巣はソヤチセ（ソヤ＝ハチ）、カラスの巣はパシクルセッ（パシクㇽ＝カラス）、月の暈《かさ》はチュプチセ（チュプ＝月）、仕掛け矢をおおうシラカバの筒はアイチセ（アイ＝矢）、クマの穴はカムイチセ（神の家）という。このようにいろいろなものに家という言い方をするのである。

家というものに対しての最初の思い出というと、母方の実家、門別村山門別へ歩いていって暗くなって着き、翌朝早く起きて東側の窓から外を見ると、一本の細道の両脇に段葺き屋根の家が並んでいたことである。

たぶん五歳か六歳の私は、毎晩祖母が聞かせてくれた昔話の世界がそこにあると錯覚し、ねえちゃんねえちゃん、早く来て見て、あれあそこに昔がある、といっていっしょに行っていた姉とし子を呼び、みんなに笑われたことがある。子どものときは聞いた話の一つ一つが本当にあること、と思っていたものであった。

自分自身の家のことをいうと、昭和六年頃であろうか、父が自分の家を建てるために掘っ建て柱を削っていたのを覚えている。その家は萱の段葺き屋根で囲いに板を張ったのはいいけれど、煮炊きや暖房は囲炉裏が一つで、最初に火を燃やしたときに煙たかったことが忘れられない。新築祝いらしいことをしたかどうかはよく覚えていない。

父が建てた家は昭和二三年に現在の場所へ移した。そのときも屋根は萱の段葺きであったが、下回りは土台つきで、ガラス戸にガラス窓、畳敷きという作りであった。私の代になってから、昭和二三年五月に萱葺きの家、それをトタン葺きにしたのが昭和三三年、四二年にブロックづくりのものを建て、平成元年に現在の家にした。

さて、アイヌ風の新築祝いのことだが、昭和三〇年代になって北海道観光がもてはやされ、あちらこちらでアイヌチセが建てられるようになった。そこで、本物のアイヌチセを復元することで、本物のチセノミをすることになった。これは観光用が主であったが、私は年上の二谷善之助さん、貝沢前太郎さんたちから直接指導を受け、二風谷で建てたのを手始めに、これまで五〇軒ほどのアイヌチセを建ててきた。

家を建てる場所が決まったら、チセコッエイノンノイタㇰ（家を建てる場所清めのお祈り）をして、一晩だけヤイウェンタラプコカヌ（自分自身の夢）に耳を傾ける。特別いやな夢を見なければ、囲炉裏をしつらえるであろう場所に、ケドンニという三脚を立てて火を焚き、正式にチセコッエピル（家を建てる場所のお祓い）をする。

それは、今までにこの場所で死んだであろう虫や獣などの霊に供物をあげ、霊を鎮めるのと併せて、今ここでくらしている虫や獣にお願いをして別のところに移ってもらうためである。

お祓いが終わると掘っ建て柱の穴を掘り、東側、北側、南側、西側という順序で柱を立てて桁をのせ、梁を上げる。そして、ケドンニ（三脚）を東と西に立てて棟を上げる。その棟木に四隅から合掌を当ててて横棒をつけ、すだれを広げて当ててから屋根を葺くのである。ここまで来るのに、五人か六人がかりで二週間はかかる。

屋根裏に矢を射るチセチョッチャ

屋根ができ囲いも仕上がると、近くに住んでいる、心根がよく子孫の繁栄している長老に頼んで、新しい家に最初に火を焚いてもらうことになっている。これは新しい家に新しい火の神さまが誕生すると考えていたからである。

新築祝いのことをチセノミ（家を祭る）という。お祈りの言葉とかは省略するが、チセノミらしい行事は、チセチョッチャ（屋根裏に矢を射ること）と、ハルランナー（穀物が降ったよー）の儀式であろう。

まずヨモギの矢を三〇本ほどと、弓を二丁並べてイナウをつける。そしてお酒をあげ、新築祝いに来てくれた男性のお客に矢を一本と弓を渡して、屋根裏に一本ずつ矢を射てもらう。これは、柱の材料などいろいろな木を使って家を建てたが、木の中には精神のいい木もあるし、精神の悪い木もあるので、それらの木の霊を鎮めるためといわれる。

ヨモギの矢を用いるのは、「アイヌモシㇼ　モシㇼソカタ　アキヤンネレプ　ノヤネクス（人間国土　国土の上で　最も早く生えたのがヨモギである）」とされているからで、ヨモギの矢で射られたり、ヨモギの刀で斬られた魔物は蘇生できないと信じられていた。

矢は合掌材とかの間に向けて射るが、矢が屋根裏に刺さらないで落ちた場合は、その矢を射た人に持って帰ってもらうことになっている。

次はハルランナー（穀物が降ったよー）の儀式。これはイナキビの団子を生のまま大人の親指くらいの大きさにして、家の中から屋根裏へ向けて、「ハルランナー、ハルランナー」といいながらまき散らす。

この新しい家は屋根裏から穀物が降ってくるほど幸せいっぱいの家になれ、というお祝いの団子まきである。団子をまく役目は、子孫が繁栄している心根のいいおばあさんにやってもらう。

これらの儀式が終わってから飲んだり食べたりの宴の場になり、歌や踊りが次から次へと出され、楽しい新築祝いになる。

チセコロカムイ（家の守護神）は、ご神体になる木の皮が剥がれない秋か冬に作り、火の神と夫婦であると考えられていて、昔は必ずつくるものであった。

鉄火箸の力

アイヌが日常用いる多くの道具の中には、隣の国日本から渡ってきた鉄鍋とか鉄の刃物、あるいは数々の漆塗りの器がある。漆器の中の大きいものにはその形からアイヌが名づけたクトシントコ（帯のある行器）、小さいものではエドヌプ（鼻の利くもの）という片口、エチュシ（エ＝そこに、チ＝陰茎、ウシ＝ある、陰茎のついているもの）というものもある。

漆塗りのエチュシ

これらの中には一〇〇〇年くらい前に日本で作られた物、と民俗学者の宮本常一氏が教えてくれた漆器もあり、それは博物館に展示してある。

鉄製品とか漆塗りのものは別として、アイヌは生活用具の多くを自分たちの手で作ってきたが、それらの材料は木や樹皮であり、囲炉裏の隅に埋め込んであるイヌンペサウシペ（削り台）を作る場所とした。

生活用具を作るときに役立ったものの一つにカネアペパスイ（鉄の火箸）がある。これは今でいうともみ錐であり、

タンパクオプ（タバコ入れ）

電気ドリル的な使い方ができた道具であった。一〇〇年以上前に作られたさまざまな道具の穴は、全部が全部といっていいほど焼け火箸で穴を開けた跡があり、昭和一〇年前後に父が囲炉裏端で仕事をしていたときも、目の前に必ず鉄の火箸がおいてあったのを覚えている。

父が作っていた道具のうち、鉄の火箸で開けていたのは、タンパクオプ（タバコ入れ）、マキリ（小刀）やタシロ（山刀）の鞘、シンタ（子守り用の揺り台）の縄を通す穴、イカヨプ（矢筒）のひもを通す穴、クワリ（仕掛け弓）の台木の穴、マレプ（回転銛）の穴、カスプ（しゃもじ）の柄の穴、ヤラムイ（樹皮で作った箕）の縁にひもを通す穴、スワッ（炉鉤）の穴、シトペラ（団子を切るへら）の穴などで、小さいものに穴を開けるときには先のほうの尖った部分を利用していた。

これら父をはじめアイヌたちがおこなっていた、自分のための数々の用具作りは冬の仕事であった。

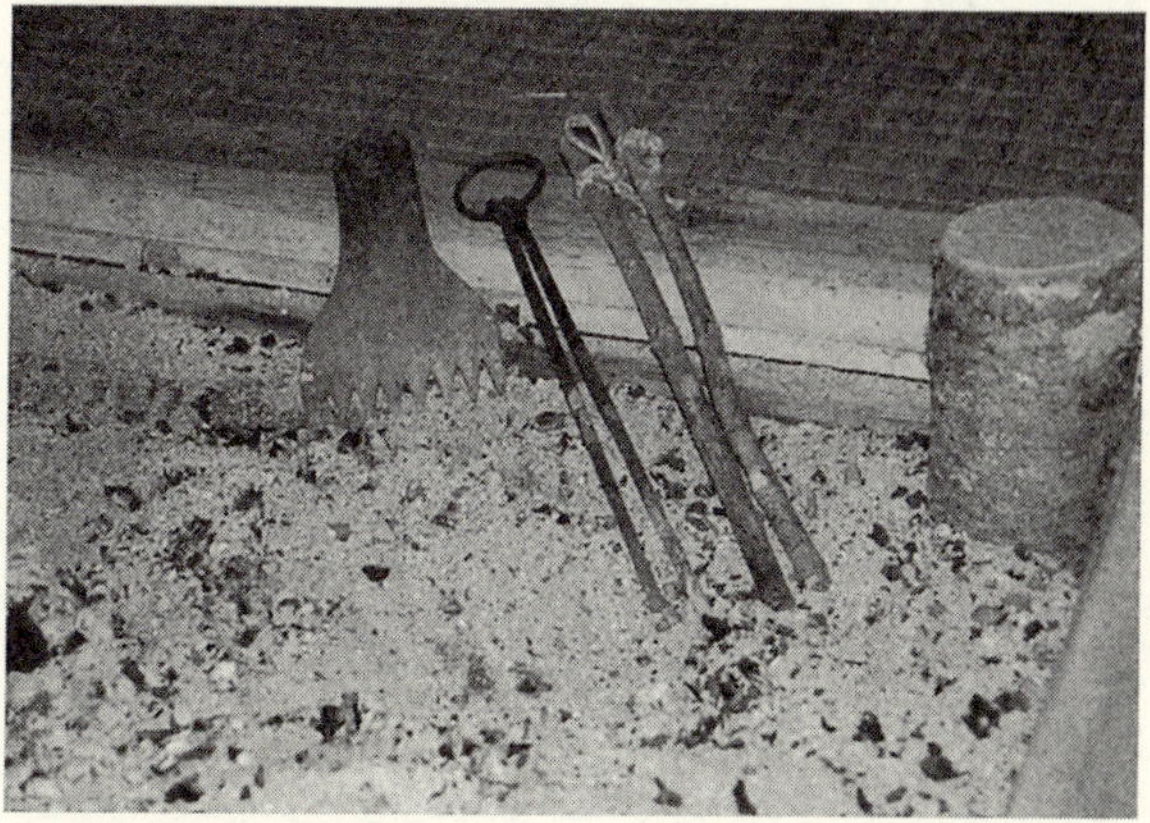

中央がアイヌがよく使う鉄火箸

こうして見ると、アイヌ民族の生活用具は一つ一つが炉端から生まれた芸術品と思う。かつてのアイヌ社会は食べ物が豊かであったので、己の身を飾るゆとりがあったのだろう。何はともあれ、一本の鉄の火箸とは思えないほど役に立ち、私自身も少年時代は初雪が降ると大急ぎでそりを作り、その縄をつける穴は鉄の火箸で開けたものであった。

舟おろし

舟のことをチプ（チ＝われわれ、オ＝乗る、プ＝もの）といい、しゃべるときはチプという言い方になる。われわれが乗るもの、それが丸木舟であった。

昭和一〇年前後、二風谷村の住民の畑は多くが沙流川右岸にあったが、水量の多い沙流川に橋はなく、畑への往来は丸木舟でおこなっていた。その当時渡船場にあった丸木舟は三艘あって、それぞれの舟を村人は、ポロチプ（大きい舟）、ポンチプ（小さい舟）、アタプチプ（ひっくり返り舟）と呼んでいた。

ポロチプは六〇キロ入りの大豆のかますを二〇も積んで渡せる大きな舟で、その原材は沙流川右岸のオポウシナイ沢を少し入って左側にある枝沢のソカオマプ沢に生えていたカツラの木であった。舟はそこで掘ったのだが、その場所は二谷栄治さんが聞かせてくれたのでわかったが、少年時代はそれらのことは知るよしもなかった。

ポンチプは大人が四人か五人乗れるほどの手軽な舟で、一番多く利用されていた。アタプチプは「店の親方のアタプチプ」と呼ばれていて、よほど舟に乗るのが上手でないと転覆するので、うかうか乗れない舟であった。古くからある松崎商店の松崎浅吉という人の持ち舟なので別名がついていたが、舟を掘ったことのない素人が作ったものであったらしい。

少年時代は夏の川泳ぎも楽しみの一つで、子どものときに泳ぎを覚えておかないと大人になってから川へ落ちておぼれ死ぬかもしれないというので、年上の者が泳ぎを教えてくれた。教えるといっても、丸木舟に乗せて二回か三回あっぷあっぷしながら流れると浅いところへ着くような場所へ行き、次から次へと川へ投げ込まれる。そして、二口か三口水を飲んで手足をばたつかせると浮き上がるのである。

一回浮くことを覚えるとそれでよし、教えるというより、死にたくないから手足を動かしたような気がした。荒っぽいが早く泳ぎを覚えることができたのである。

大人たちは、泳げない者は川へ落ちると同時に、もうだめだと思って死んでしまうものだ、浮くことぐらいは子どものときに教えるべし、というのであった。

このように丸木舟とアイヌの子どもたちは仲良しであり、さお一本で上手に沙流川をこぎ渡れるように仕込まれていた。

その丸木舟を初めて自分の手で掘ったのが昭和二二年頃のこと、父に教えてもらいながら沙流川右岸のタイケシ沢に生えていたカツラの木で作った。その舟を川まで引き出すときの太い縄のつけ方や、新しい舟に魂を入れる舟おろしのお祈りの仕方も父に教えてもらったのである。

そのうちに丸太一本のままのくりぬき舟を一艘作るよりも、板にして板舟を作れば三艘くらいは作れるということになって、丸木舟は作られなくなってしまった。しかし、アイヌ文化が伝承されている舟おろしの祭りを復活させたいと私は考えていたので、北海道大学から依頼を受けて作った舟でそれを実現させた。

舟おろしはまず、山を歩いて立ち姿の美しいカツラの木を選ぶ。そして、イナウを立て

舟おろしで新しい舟に魂を入れる筆者

てお酒をささげ、貴方を丸木舟に作って人間が乗り、懐には穀物やサケを積み込みたい、舟を作るのにいい道具も持たない私たちなので、堅い肉を内側へ、やわらかい肉を外側へ出してほしい、とお願いをしてから伐り倒す。

材の北側を舟底にするように木の形を見るが、木こりの言葉では立木の北側を雪背負いといい、これは冬中雪がへばりついて雪を背負っているように見えるからである。雪背負いには苔も生えていて、夜でも木をなでると北側がわかる。

父と舟を掘ったときもそうであったが、ふつうは二人くらいで掘り、仕上げにはモッタという片手で持つ小さい道具を使う。切りすぎたり削りすぎたりしたら元に戻せないので、慎重に仕上げる。

チㇷ゚ナンカ（舟の顔）とチㇷ゚サキリ（舟の横棒）を取りつけるが、チㇷ゚サキリは川をこぎ渡るときにさおを持った人がすねを当てて力を入れ、舟がぐらつかないように安定させる大切な棒である。

舟おろし復活の日は昭和四七年四月二五日、二風谷の対岸オポウシナイ沢へ平村万次郎さん、貝沢貢男君ら約二〇名で行き、昔ながらの綱のかけ方で舟を川へおろした。

イナウを立ててワッカウㇱカムイ（水の神）へのお祈り、舟の神さまの魂入れなどをした。このときの神主役は平村万次郎さんで、当時元気でおられた貝沢どるしのさんもいっしょであった。

新しい舟を操る筆者

このチㇷ゚サンケ（舟おろし祭り）をきっかけに私が提唱して、新しい丸木舟を作るたびに二風谷でチㇷ゚サンケをするようになって、もう三〇年近くになろうとしている。今は曜日に関係なく毎年八月二〇日におこない、北海道でも有名な行事に成長している。

舟を川へおろすまでの間、イナウの削り方、たくさんの神々へのお祈りの言葉、ウウェソㇷ゚キという席順の決め方、丸木舟を操る方法などを、その日に備えて若者たちが勉強する。

女性には女性の役割があり、シトという団子の作り方や、肉汁、魚汁の煮方や、味つけを年上の者から教えてもらい、飲んで食べたあとには歌や踊りをする。ポロチセの中でこれらアイヌプリ（アイヌの風習）が伝承されるのである。その継承の場として舟おろしの祭りの復活は小さくないものがあり、提唱者の一人として誇りに思っている。

しかし残念なことに、舟おろしの場が必要のないダムによって水没してしまった。いつの日か食糧不足の日が到来し、ダムの水が抜かれてかつての水田に黄金波打ち、川に銀鱗を躍らせてサケが遡上するかもしれない。その日が来たら昔からの場所で舟おろしができるであろうことを、私は願ってやまない。ちなみに私が作った丸木舟は二十数艘になる。

アイヌ的表現の言葉の数々

アイヌ語で人にあだ名をつける場合、少し遠回しの言い方もあり、そのものずばりのこともある。

背の低い人には、イソンクㇽ　イタタニ（狩りの名人の肉切り台）。いつもクマやシカを獲る人は始終肉切り台を使うので、台が使い減らされて低くなっている。だから背の低い人にこのようなあだ名をつけた。

その反対に背の高い人には、イペサッイタタニ（食べ物のない肉切り台）。これはシカやクマを獲れない人の肉切り台は使うことがないので、まったく減らないため背が高いままだということである。

ちなみにアイヌの肉切り台は直径が二〇センチほど、高さが一八センチほどで、木の皮がついたままのものである。私の肉切り台は何十年も使っているが、今は木を削る台となっている。

人間が怒ったときの顔色の描写として、日本語では烈火のごとくと表現するが、アイヌは、イポロタ　ヌイ　レイェーペコロ　アンワ　イルシカ（顔の表に炎がはうようにして怒った）という。これも具体的でおもしろい。

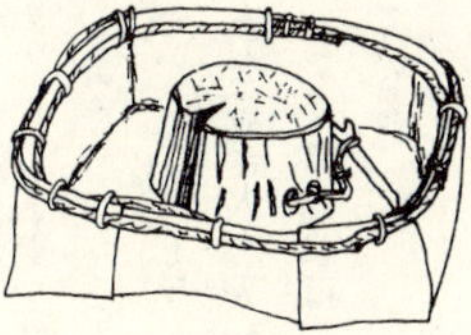
イタタニ（肉切り台）

人に何かいわれるとすぐに怒る人のことを、アイヌは、チョテレケニ（われら踏んだ木）という。山歩きをしていて柴の端を踏むと、バシッとはじけるが、そのような人だというわけである。

少しのお酒を飲んですぐ真っ赤になる人がいるが、そのような人の顔を見て、チマ　アムシペ（われらが焼いたカニ）という。私は山のアイヌなので、海で獲れるカニのことは知らないが、川ガニやザリガニを焼くとすぐ真っ赤になることをたとえていったもので、みんなで大笑いする。

よくしゃべる人のことを、パロホ　ウサッ　オマー　ペコㇿ（口の中に熾き火が入ったみたいだ）という。これもまったくあるはずのない奇想天外な言い方で、もし人の口に真っ赤な熾き火を入れたらどうなるだろうか、いやはや……。

アイヌ語にはこればかりではなく、ほかにもまだまだ奇抜な言葉があるであろうと思っている。

目の大きな人、あるいは何かに驚いて目を大きく見開いた人のことを、ヌイサウォッイセポ（炎を避けて逃げるウサギ）という。山火事を避けて逃げるウサギは速いことも速いが、目を大きくしているはずで、日本語の脱兎の如し、にも似ているけれど、炎が出てくるので、より具体的で目に見えるような表現に思える。

驚いたことを、ラムドイ（ラム＝思い・考え、ドイ＝切れる）という。考えていたことが驚きのあまり、ぷっつりと切れてしまったという言い方である。

あきれたり本当に驚いたときは、ホッノ　イヨーハイ　シトマレ（まあまあ　あきれてしまい　恐ろしいことだ）といいながら、口と鼻を両方の手でふさぐ。左手で軽くにぎりこぶしを作って鼻に当て、左手の下のほうを右手で押さえていくぶん口をふさぐ格好にする。

これは驚きのあまり魂が身体から飛び出さないようにする意味である。

このしぐさは、昔祖母がしばしばしていたが、近頃のアイヌはあまりしない。世の中、驚くことが多くなりすぎてしまったのだろうか。


最初の誕生日を迎える頃になると、子どもはぷるるる……、ぷるるる……、と頬をふくらませて息を吹き出すようになる。

これは、歯が生えるために歯茎がかゆくなってするものだといわれるが、アイヌはこれをピセ エワㇻ（ピセ＝浮き袋、エワㇻ＝吹く）という。赤ちゃんがこうするのは、次に母親のおなかをふくらませるために吹くのだ、だからまもなく次の子どもが生まれるといっていた。

また、次の子どもが生まれると、すぐ上の子どものことを、アフㇱコレㇷ゚（ア＝それ・上の子ども、フㇱコ＝古い、レ＝された、ㇷ゚＝者）といい、下が生まれたので、新しかった上の子どもが古くされたということである。

アイヌウホッパ

狩猟民族であったアイヌは、狩りのために山へ入ると、一カ月も家へ帰ってこないこともあったとか。それで夫が狩りに行った留守の間、家に残された妻が夫恋しさのあまり病気になっては困る。

そのため、狩りに出かける夫はわざと出発間際に何かと文句をつけて、妻をさんざんなぐりつける。なぐられた妻はすっかり腹を立てて、あん畜生め、クマに食われて死んでしまえ、くらいに思い、夫恋しさどころではなくなってしまう。

しかし、腹を立てているうちに日がたち、月が過ぎると、やがて夫が帰ってきて、たくさんの毛皮を背負ってきたら、お帰りなさいと出迎えるわけである。

このような風習はかつては本当にあったのだが、今は忘れ去られてしまい、アイヌウホッパ（お互いを残すしぐさ、妻をなぐって残す）という言葉だけが伝えられている。

玉飾りと宝物

アイヌ社会の宝物の一つに、ウルオカタ　アエケシコロ　タマサイ（先祖から伝えられ子孫へ受け継がれる玉飾り）がある。

私の妻れい子は、この二風谷村でも由緒ある家系である二谷家の出であり、れい子の父方の祖母うのされ、その娘まめを通じて受け継がれた立派な玉飾りを持っている。

この玉飾りは母から娘というふうに他家へ嫁いでいても、自分の家の長男の嫁にやるのではなく、娘に受け継がせるのが慣わしになっている。直系の娘がいない場合は、最も近い姪に渡すことになっているほど、大切にしなければならない玉飾りであった。

それを母親のうのされから実の娘であるまめが受け継いでいたが、それは、まめが仕事に行っていた登別温泉の「ユーカラの里資料館」へ売り渡され、そこに展示されていた。

そのことを知っていた私は、うのされの孫である妻れい子が受け継いでいいはずの玉飾りだと思っていたので、展示してあった玉よりも上等な玉を二連持っていき、事情を説明して交換してもらったのである。

それを持ってきたあと、妻に説明をして、今は二風谷のアイヌ文化資料館に展示をしてある。三十数年ぶりの玉飾りの里帰りであり、本当にうれしいことの一つであった。拙著『アイヌの碑』(朝日文庫)の表紙の玉がそれで、なおさら愛着がある。

アイヌの言い伝えの中に、イコロカムイ　シリエシニューカ(宝物の神さまが、その土地にいるのが飽きた)というのがある。

誰かから、いいものですね、ゆずって下さいといわれると、宝物がこの土地にいるのが飽きたのであろうと考える。そして、あっさりと渡してしまうので、めぼしいものは村々から消えてしまったが、このタマサイは二風谷へ帰りたくなって戻ってきたような気がする。

もう一つ宝物の話をしよう。二風谷から八キロほど上流に、シケレペというアイヌのコタン（集落）があって、そこに木幡ドナナシリさんというおじさんがいた。

そのドナナシリさんが子どもの頃というと、今から一〇〇年以上昔のこと。近くに一人暮らしのおじいさんがいて、その人が最も大切な宝物としていたのは、フミヒアシシントコ（音の出る行器《ほかい》）というものであった。

漆塗りのシントコ（行器）の上にのせてある音の出る行器は子どもたちには珍しいし、何よりその音を聞きたくてしようがない。おじいさんが炉端で背あぶりをしながら寝ていると、子どもたちは長い棒を持っていき、その音の出る行器をたたいて音を聞いてはさっ

筆者の妻の家系に代々伝えられるタマサイを身につけた孫娘

フミヒアシシントコはブリキの缶

と逃げる。するとおじいさんが目を覚まして、子どもたちをしかるのであった。

ドナナシリさんが少し大きくなってそれを見ると、何のことはない、音の出る宝物とはただのブリキの空き缶であった。ふたつきの一斗缶で、どうして大切にしていたかというと、おじいさんが北海道の東の端、厚岸《あつけし》へ日本人によって奴隷として連れて行かれ、一年働いた報酬としてもらったのが、それであったからである。

漆塗りのシントコはたいていのアイヌの家にあるが、フミヒアシシントコは見たことがないので、宝物としていたのであろう。子どもたちはその音を聞きたさに何回も何回も行ったものだと聞かされたが、ブリキの缶一個で一年の労働、あるいは漆塗りの杯一個で一年の労働という話は決して珍しいことではなかった。

この二風谷から奴隷として連れて行かれた四十数人のうち、二人の若者がいて、一人は報酬として行器一個をもらい、もう一人はウマ一頭をもらった。ウマをもらった若者はそれに乗って帰ってきたが親にしかられ、行器を背負ってきたほうは親にほめられたとか。笑えぬ喜劇がいっぱいあったのである。

あとがき

「歳時記」というには内容が多岐にわたりすぎたのではないだろうかと少々案じていたが、編集者の力によって上手にまとめられ、あとがきの執筆を急げとの電話をいただいた。下手な物書きにとってこれほどうれしい電話はない。

＊

平成一二年の二月一〇日から一二日まで、秋田県本荘市で（現・由利本荘市）、「アイヌプリ本荘フォーラム」という催しがあって、二風谷アイヌ数人が招待を受けて行ってきた。この実行委員長の亀井慶子さんや委員の若いお母さんたちの熱気には感心させられたが、私自身の仕事柄、行った先々で資料館や博物館を見学するのが楽しみで、案内をして下さった黒田勉さんから、車で走りながらいろいろと説明を聞いた。

あれこれ聞いた中で忘れられない話の一つに野ネズミ退治のことがあった。農協がネズミを退治するために農家に薬を売り込み、農民はその毒餌を辺りかまわず撒き散らした。

毒餌を食べたネズミは明るいところへ出てきて死ぬので、それをフクロウが拾って食べる。そのためフクロウは大方死んでしまったらしく、家の近くの松林から夜な夜な聞こえていたフクロウの声がまったく聞こえなくなった、と顔を曇らせていた。

ネズミはネズミ算的に増えるであろうが、フクロウが死んでしまって、生きているネズミの天敵がいなくなったらどうなるのであろうか。

これと同じような話がかつての中国にあった。スズメが穀物を食い荒らすのを防ごうと、毛沢東の命令により国内でいっせいにスズメ退治をしたところ、次の年から虫害のほうがスズメの害より多くなったというのである。それで、スズメ退治は毛沢東の失策の一つに数えられているとか。

私たちアイヌ民族の間でこのたぐいの話をどのように見、どのようにいうのかというと、カントオロワ　ヤクサクノ　アランケプ　シネプカ　イサム（天から役目なしに降ろされたものは一つもない）というのである。

例をあげると、ネズミが木の根元をかじって木を枯らすのは間伐の役目。しかも、枯れた木に虫がつき、その虫で鳥がヒナを育てる。鳥が助かり、山も明るくなるわけである。また、小鳥が木の実や草の実を食べ、はるか遠くまで飛んで糞をするのは種運びの役目。リスがドングリを土に埋めて忘れた分は春に芽を出し、それがやがてナラ林になるとその

著者が築いた二風谷アイヌ文化資料館

実がクマの食べ物になる。

過って食べたら死んでしまうスルク（トリカブト）も、アイヌにとっては矢毒に用いる大切な草である。湧き水にいるウォルンペ（ノミのような小さな虫）は一匹飲んでも腹痛を起こすというが、これもトリカブトに混ぜて矢毒にする。

カラスは山の掃除屋でどんなものの死骸でも食べてくれ、アイヌの狩人に獲物のいる場所の上を旋回しながら、ここだよ、ここだよ、といわんばかりに教えてくれる。

イパコカリプ（人にまとわりつくもの）というヤマゴボウの毬《いが》のように、自らの力で遠くへ行けない草の実や木の実は、人間やさまざまな動物の体にまとわりついて遠くへ運ばれる。

アイヌ文化資料館の庭に復元されたアイヌチセ（家）

まさに自然と人間は共生するものであることを、現代に生きる私たちは忘れていないだろうか。もう一度アイヌの心をくり返そう。天から役目なしに降ろされたものは一つもない、と。

私はここ十数年、次のようなことを講演の終わりに口癖のようにいってきた。

チェルノブイリ原子力発電所事故の二カ月後、私はスウェーデンのヨックモックという町へ行ってその被害の恐ろしさを見聞きした。日本のことわざに、身に降りかかる火の粉ははらわねばならない、というのがある。しかし、色も形もにおいもない死の灰をはらうことはできないであろう。神は人間を創ったが、死に至る病を創ることも忘れなかった。病は現代の医学で克服してきたかに見えるけれども、最後に神は人間を自らのおろかさで自滅させようとしているのではないだろうか。それが原子力なのである。

これは私も含めて人間が天に唾するということであり、吐いた唾は必ず自分の顔へ戻ってくるであろう。

山の中に生まれ育った一人のアイヌの予感が絶対に当たらないことを念じるとともに、この小さな本を世に出すためにお力添えをして下さった平凡社新書編集部の土居秀夫さんに心から感謝を申し上げ、終わりの言葉に代える次第である。

平成一二年六月

萱野　茂

記録から保持、復興へ——萱野茂のアイヌ文化研究

北原次郎太

二〇〇六年五月六日に萱野茂先生が亡くなられてからはや一〇年が経過した。アイヌ語・アイヌ文化の記録と紹介・解説、著述業、工芸品製作や文芸の口演はもとより、社会的には開発の抑制と自然の回復を目指して運動し、町議会議員・国会議員としての政治活動まで萱野先生の活動はたいへん幅が広いものであったから、人によって思い浮べる萱野茂像は様々だろう。私より上の世代のアイヌ語・アイヌ文化に関心を持つ者にとって、萱野先生はアイヌ世界への導き手と研究者の面を併せ持った存在であり、死去の報は衝撃を伴って受け止められた。

その年にはテレビ各局によって追悼番組が多数制作され、二〇〇八年には奥様のれい子氏と写真家の須藤功氏が中心となって『写真で綴る萱野茂の生涯——アイヌの魂と文化を求めて』(農山漁村文化協会)がまとめられた。しかし、その存在に多大な影響を受けたはずの研究者たちには、萱野茂論を語ることにいまだ躊躇があり、研究の評価や位置づけも棚の上に上げられたままの感がある。といってここでそれを論じることは、私の力では到

底及ばない。半世紀も遅く生れ、本州で育った私にとって萱野先生は遠くから一方的に知っていただけの存在である。ただ、萱野先生の著作から多くを学んできた者の一人として、また平取町とは別な地域にルーツを持つアイヌの視点から、本書を読む上での参考となる程度にその歩みを跡づけてみたいと思う。間接情報や推測も含んだものとなることを予めご了承いただきたい。真の萱野茂論は、萱野氏と直接に深く関わった人びとによって書かれるはずである。なお僭越ではあるが、学術的な書籍に掲載されるものであることを考慮し、以下敬称を省略させていただくことにする。

萱野茂は一九二六年、平取村二風谷（現平取町二風谷）に生を受けた。これに先立つ半世紀の間、北海道では和人（日本国の民族的マジョリティ）の入植政策が急速に進められ、一九〇〇年頃には、アイヌ人口一万八〇〇〇人弱にたいし、和人の人口が一〇〇万人に達した。アイヌは故地にいながら完全な少数者となり、それまでの居住地や、生産の場であった山野海浜は国の管理下に置かれ、日本語の強要と生業への規制が進められた。そうしたなかで、多くの者は生き方を大きく変えることを余儀なくされ、アイヌ語を使用する機会も激減した。当時の和人の旅行記などには、アイヌの話す日本語がつたないことを笑い話として紹介したものがある。実用だけでなく嘲笑されないために、日本語の習得は必須であった。「アイヌらしく」見られる慣習は、一日も早く捨て去らねばならなかった。

その一方、従前からの技術を応用して手工芸品の製作販売が行われ、国内外の博覧会等に出展し、また本州まで遠征しての興行も行われた。やがて鉄道や幹線道路が整備された地域では、今日につながる形での観光も始まった。しかしそれらは、観光に従事しないアイヌには（侮蔑の対象となる）旧習を殊更に強調し、差別を助長するものとして受け止められた。特に民族衣装を着用する演出などが強く批判された。

工芸や芸能を職とすることは、通常それ自体が非難されることではない。古い時代の衣装を身につけることも、野外博物館などでの古文化展示においては一般的な手法である。アイヌたちに批判的な感情を抱かしめたのは、アイヌの「未開性・後進性」を期待してやってくる和人たちの視線である。「古文化紹介のため」という断りなど耳にも入らず、否応なく「珍奇」で「未開」な姿をアイヌの本質と見なす（和人の興行師などが介在する場合には特にアイヌの異質性が喧伝されたし、アイヌ自身が相手の求めに応じざるを得ない面もあった）。そうした好奇心と侮蔑を伴ったまなざしを前に、多くのアイヌは「それは現在の自分たちとは違うもの」であり「消え去った過去に属するもの」だとして訣別を表明せざるを得なかった。

萱野に先立ってアイヌ社会内部からの研究を開始し、博士号を取得した知里真志保《ちりましほ》（一九〇九―六一）は、現在の登別市で生れた。当時のアイヌ家庭としては経済的にも裕福な環境に育ち、父や姉を介して人脈にも恵まれていた、いわば典型的な先住民エリートだとされている。知里は一九三五年に記した『アイヌ民譚集』の後記において「過去のアイヌ」と「現在（及び将来）のアイヌ」とを厳然と区別することの要を主張し「後者は侮辱と屈辱の附きまとふ伝統の殻を破つて、日本文化を直接に受継いでゐる」と述べている。これは、（彼が地理的にも学問的にも日本の中枢にいながら、常に「野蛮人」視を免れ得なかったことに象徴されるように）当時のアイヌに向けられた視線への反論として書かれたものである。これと同様に、在来の言語・文化に愛着を感じつつも、それらとの距離を強調する論調は、同世代の歌人違星北斗《いぼしほくと》や森竹竹市らの手記にも見えている。

知里が右の文を書いたころ、萱野は少年時代を迎えていた。祖母てかってとの暮らしや付近の人びとの触れ合いのなかで、この世代としては飛びぬけて高いアイヌ語・アイヌ文化の知識を身につけていった萱野は、やがて小学校卒業と同時に造林などの仕事を始め、青年期になる頃には、知里と同様に観光や学術研究に強い反感を持つようになっていた。

今日でも「研究」という言葉は、多くのアイヌにとって決して愉快な言葉ではない。アイヌ研究が開始されて以来、その主体は多くの場合和人であり、彼らは露骨な優越意識を漂わせつつ、アイヌを一方的に眺め、様々なものを持ち去っていく存在であった。萱野自身もそうした研究者への憤りをたびたび言葉にしている。

萱野の代表的な著作の一つである『アイヌの民具』のあとがきによれば、民具収集の動機は、故郷の平取町二風谷から愛着のある品々が徐々に流出していくなかで、昭和二七年（一九五二年）の秋ついに父清太郎がもっとも愛蔵していた捧酒箸まで研究者によって持ち出されたことへの憤りに端を発しているという。『アイヌの里――二風谷に生きて』では、研究者が記録したものがアイヌの利用を考えない形でばかり公表され、語り手たちに何も還元されないことへの不満が簡潔な表現でつづられている。

このように若き日の萱野にとってはアイヌ語・アイヌ文化研究もまた、自分たちにとっては何も得るもののない、差別を惹起するだけの行為として映っていた。萱野の筆致は穏やかだが、内心に秘めた怒りは激しいものがあっただろう。たとえば、当時のアイヌ研究を集成するものとして一九七〇年に刊行された『アイヌ民族誌』では、歴史・言語・文化のみならず、アイヌの身体的特徴や「人種」的ルーツに関する論考にも多くのページが割かれていた。図版のなかには老年のアイヌ男性が上半身裸体で写されたページがあるが、萱野の手元にあった同書は、そのページが黒く塗りつぶされていたという。敬うべき老人を裸にして撮影し、なおかつ、差別の大きな原因ともなってアイヌを苦しめてきた「体質」を固定化し流布する研究が、アイヌのためのものになろうはずがない。自分たちについて何が書かれているのか知るために研究書を入手するアイヌは多い。しかし、ページを開くとそこには正視に堪えない言葉がならんでいる。ページを塗りつぶすことは、科学の名のもとにアイヌの精神をふみにじってきた和人研究者たちへの抗議であっただろう。

しかし、萱野は研究行為そのものの拒絶から、アイヌ自身による研究を志向していった。二七歳の時、小中学校を巡る興行に協力したことをきっかけに観光の世界に入り、一九七二年には二風谷に「二風谷アイヌ文化資料館」（初代館長・貝沢正）を建てて、訪れる人々にアイヌ文化の紹介を続けた。観光で得た収入により、民具収集のほかにアイヌ語の録音保存にも着手した。和人研究者と同じようなことをしているとして冷ややかな目を向けられることもあったというが、収集・記録という行為は同じでも、アイヌが行えばアイヌ社会外部への流出という事態は防げる。アイヌとしての立場を共有できる者には和人研究者とは違った研究が可能なはずだ、という思いがあったのだろう。そして、それを既に実践していた知里は憧憬の対象であった。萱野は昭和三二年（一九五七年）八月一五日に、知里と出会い、激励を受けるとともに実証的な研究の基礎を説かれたという。

しかしここからの歩みは対照的である。以前の人びとが、もっぱら自文化の記録に努めたのに対し、萱野はアイヌ社会内での保持、さらに踏み込んで復興を志向した。いわば、実践者としての立場から、研究的視点を獲得した後も実践者であり続けた点に萱野の特異性がある。

例えば、萱野は民具の収集と関連文化の記録に力を入れたが、その多くを自らも復元的に製作した。その最たるものはチセ（家屋）建設（一九七二年）であろう。萱野は、用地選定と神託を得る儀礼、新築儀礼など家屋建設にまつわる諸々をすべて実践し、それを撮影する形で記録した。他にも婚礼（一九七一年）や葬儀、クマ送り（一九七七年）をはじめとする様々な霊送りなどを次々と実践し、それらを若い世代の学習の機会としても活用した。そこには、工芸品製作やガイドといった職業として文化的知識を保持する場を確立し、そこを起点として日常に文化を取り戻していこうとする意図が感じられる。また、古老たちにも、重要な儀礼にカメラや録音が入ることに戸惑う面もあったが、やがて信仰と記録を両立させる論理を自らのうちに構築していった。

こうしてまとめられた萱野の記述は、民具製作にせよ儀礼の催行にせよ、非常に実践的で、それらを行おうとする人々の手引きともなるものである。アイヌ語についても、いわゆる伝承文学の習得にとどまらぬ形で活用し、なおかつアイヌ語の地位を高める方法を模索した。一九九三年に国立民族学博物館で開催された企画展「アイヌモシリ　民族文様から見たアイヌの世界」における開催挨拶、一九九四年のアイヌ語による国会演説などはその一例である。

実践には変容がつきものである。単なる復元ではなく、生きた文化として実践するのであればなおさらである。萱野は新しい取り組みにも鷹揚で、儀礼・行事の創出なども自ら牽引していった。それはある意味では「伝統文化」の高い敷居を下げることでもある。アイヌが自らの文化を忌避したのは、貧困と差別にまみれた歴史のなかでのことだった。だからこそ、若い世代に仕事の大切さや禁酒の必要を説き、子供たちとともに遊び、その時々の暮らしを充実させることにつとめた。そうして穏やかな日常と心の平穏を取り戻すことの延長にこそ尊厳の回復と文化の復興がある。知里がアイヌ自身による研究を進め「アイヌ」と「研究者」の境目を突き崩したパイオニアだとすれば、萱野は研究と継承が一体となった、今日一般的になりつつあるスタイルを確立したパイオニアだといえよう。

萱野の研究は、基本的に沙流川流域を中心とした地域の人びとからの聞き書きに立脚している。郷土の文化を内から記した記述は細部にわたり、他の研究者が見落とした／知り得なかった民俗を掬い上げている。また、共時的な記述にとどまらず、通時的な研究も試みている。たとえば『アイヌの里――二風谷に生きて』などに書かれた、衣服の文様の起源を魔除けの縄に求めた見解などがそれで、近代に見られた文化が形成される過程を遡及的に考察したものである。萱野の著述を注意深く読むと、実際に見聞きした事柄と、自身の考察は明確に分けて書かれていることが多い。こうした実証的な態度には、知里から受けた教示が生きているのだろう。

いっぽう、外からの視点で萱野の研究を見ると、沙流川流域の情報に立脚していることが、研究上の限界をも生んでいることに気づく。つまりアイヌ文化の内なる多様性への言及や周囲の異文化との比較検討は、皆無ではないにせよ多くはない。例えば、萱野はアイヌ語樺太方言を収録した録音資料の整理に協力したことがあり、この時のことを振り返るなかで「同じアイヌ語なのですべてわかった」と述べている。この例が示すように、細かな差異よりもアイヌ文化としての同質性を強調する場面が多く見られる。

ただ、沙流川流域は言語的にも文化的にもやや特殊な特徴を持つ地域である。例えば多くの地域ではイナウという祭祀具に刻印を刻むのを常とするが、沙流川、鵡川周辺の地域では特殊な場合にしか刻印を刻まない。同じく祭祀具のひとつであるイクパスイの裏面に、沙流川周辺では「舌」と呼ぶ三角形の刻み目をつける。萱野はこの刻み目を、イクパスイが機能する上で必須のものだと述べるが、隣接する鵡川町や浦河町では裏面ではなく表面に刻み目をつけ、さらに北海道東部や千島、樺太ではこうした刻み目をつけないことが一般的である。したがって「どこの地域も概ね同じ」という紹介は、アイヌ社会内部の読者には不満が残る。また、イナウや樹皮製衣服のアットゥシなどはアイヌ社会の外側に広く展開しており、こうしたもののアイヌ文化における特性をとらえるには、より広い地域での比較研究が必要である。こうした点に萱野の研究を批判的に継承していく余地がある。

研究上の領域という点では、衣食住から言語、文学、信仰まで広い領域をカバーしているものの、性に関する研究、差別に関する研究は比較的少ない。性については、蓄積したデータはありつつも、発表を控えた面もあるようだ。差別については、和人からアイヌに向けた差別についての言及がほとんどで、アイヌ社会内部に存在した力の不均衡にはほとんど触れていない。萱野も他の研究者も沙流川流域を「アイヌの都」「アイヌ文化発祥の地」と表現することがあるが、そうした言説が「沙流川の文化こそが真正のアイヌ文化である」とする認識を産み、アイヌ文化の多様性をとらえることを阻害している面がある。そうした地域の出身であり、なおかつ男性で著述家で政財界にも顔が広い、という立場からは見えにくいものも多くあったであろう。別の立場からの研究が俟たれる。

冒頭に述べたように、没後一〇年を経ながら萱野茂論が出ないのは何故か。萱野は生前から、知里と同様に「自身がアイヌである研究者」として特別視される風潮があった。没後にはいっそう巨人として仰ぎ見るばかりで、その言説に疑義を挟むこと、批判的に読むことを躊躇するような雰囲気が強まっていないだろうか。他文化の研究者には「萱野さんが言うんだからそうなんだろう」という態度も見られ、アイヌ研究においても萱野の説だからと無批判に自説の論拠とするものがある。

たしかに萱野の残した物は大きい。本書『アイヌ歳時記』にも、二度と得られない多くの知見が含まれている。なかには、その意味を、萱野の真意を問うてみたいものもあるが、それはついに叶わぬままになってしまった。萱野の語った「オナ　オラウキプ（親に遅れた者＝大切なことを聞く前に親に旅立たれた者）」という言葉を実感して立ち尽くすばかりである。それでも、残された物を読み解くことから始めるしかない。そうした試行錯誤の末にこそ、萱野の研究の真価を知り、継承することが可能となろう。

ちくま学芸文庫

アイヌ歳時記《さいじき》 ―二風谷《にぶたに》のくらしと心《こころ》

二〇一七年八月十日 第一刷発行
二〇二四年三月十日 第五刷発行

著 者 萱野茂（かやの・しげる）
発行者 喜入冬子
発行所 株式会社 筑摩書房
東京都台東区蔵前二―五―三 〒一一一―八七五五
電話番号 〇三―五六八七―二六〇一（代表）
装幀者 安野光雅
印刷所 三松堂印刷株式会社
製本所 三松堂印刷株式会社

ISBN978-4-480-09813-9 C0139